李舜志［著］
Lee Sunji

ベルナール・スティグレールの哲学

人 新 世 の 技 術 論

La philosophie de
Bernard Stiegler
La technique dans l'anthropocène

法政大学出版局

ベルナール・スティグレールの哲学　**目次**

凡例

・引用文中［　］内の補注は引用者のものである。
・洋語文献に関しては、邦訳のあるものはできるかぎり参照したが、引用する際には訳し直している。
・スティグレールの著作の略号については巻末の参考文献を参照。

私は彼らに、彼ら自身の内にあるものを読む手段を提供したのだ。

——マルセル・プルースト『見出された時』

この世で最も偉大で重要な事柄の基礎にあるのは、弱さなのだ。

——ブレーズ・パスカル『パンセ』

希望にはおそらく松葉杖が必要なのである。

——モニク・ナール『たんなる理性の限界内の宗教』フランス語版序文

はじめに

技術について語るには、技術があまりに多すぎる。魚にとっての水のように、技術は私たちを取り囲んでいる。

生成ＡＩ、メタバース、自動運転などの技術は、社会を大きく変えると言われている。とくにＡＩは、人間の雇用を奪うばかりか、人類を超えた超知能に進化すると予言されている。技術はもはや人間がコントロールできるものではないらしい。技術はただの手段ではない。そのことに気づくとき、技術についての思考がはじまる。

私たちは技術とどう付き合っていけばいいのか？　その答えらしきものは巷にあふれている。いわくＡＩが仕事を変える、メタバースがコミュニケーションを変える、Ｗｅｂ3.0がインターネットを変える、だからあなたも変わらなければならない、脱落しないためには技術革新についていかなくてはならない云々。

しかし、技術革新の速度は尋常ではない。とくに情報技術の分野では、投機的な関心も重なり次から次へと新しい流行語が現れては消えていく。ユビキタスコンピューティング、Ｗｅｂ2.0、ロングテール、ＤＸ、ブロックチェーン、ＶＲ、生成ＡＩ、Ｗｅｂ3.0、Ｗｅｂ4.0……。おそらくここで羅列した技術とそれに関連する語句も、数年後には骨董品になっているのだろう。これらについて書かれた文章も、賛同するにせよ批判するにせよ、すぐに用済みになるだろう。

したがって、技術について本気で考えたいのであれば、流行の技術を追うのではなく、そもそも技術とは何か、と問うことからはじめなければならない。つまり技術の哲学が必要なのだ。本書はそのために書かれた。

*

本書は、フランスの哲学者ベルナール・スティグレール（Bernard Stiegler 1952〜2020）の哲学を取りあげる。スティグレールは現代においてもっとも重要な哲学者のひとりである。その哲学は、技術を哲学の対象のひとつとして見なすのではなく（つまり技術哲学を展開するのではなく）、まさに哲学の対象そのものと見なすところに特徴がある。スティグレールにとって技術とは、政治や経済、教育といった数ある分野のうちのひとつではなく、それらを包括するテーマなのである。

ベルナール・スティグレール

技術について考えることは、人間、社会、そして地球について考えることに等しい。スティグレールはそう考えた。そこから、地球環境だけでなく、人間の精神にとっても危機的な局面をむかえている現代社会を治癒する方途を探った。その壮大なスケールは、「人新世（ひとしんせい／じんしんせい）の技術論」と称されるべき試みである。

本書の目的は、スティグレールの哲学から、技術とは何か、そして私たちは技術とどう付き合っていけばいいのか、考えることである。ただしスティグレールは多産な哲学者であり、単著だけでも二〇冊に及び、さらにさまざまな社会実験にも取り組んでいるため、その仕事の全体像を把握するのは容易ではない。またスティグレールの著作は、目下の課題への応答として書かれたものが多いため、その思考の道筋は曲がりくねっており容易に要約を許さない。

したがって、本書は「人新世の技術論」という軸を据えることによって、スティグレールの議論を読み解いていく。それを通して、技術とは何か、私たちは技術とどう付き合っていけばいいのかという問いに答えることにしたい。

＊

まずはスティグレールの経歴を簡単に紹介することで、人新世の技術論という看板の妥当性を示そう。[1]
スティグレールは電気技師の父と銀行員の母との間に生まれ、フランスはイル＝ド＝フランス地域圏、

（1）スティグレールの経歴については、各インタビュー記事を参照した。

ヴァル＝ドワーズ県のコミューンであるサルセルで育った。電気技師であった父ロベールの影響の下、哲学よりも早く技術に興味を持ったスティグレールは、高校生のころから政治・哲学的な事柄に関して唯物論的な見方をとるようになる。そして一九六八年を過ぎてから共産党に入党するが、スターリニズムへの拒否感から一九七六年に脱退する。

その後いくつかの職を転々とし、トゥールーズでジャズ・バーを開く。このときジャズ愛好家である哲学者ジェラール・グラネルと出会う。しかし経営は厳しく、困ったスティグレールは銀行を襲ってしまう。その結果、銀行強盗の罪で一九七八年から八三年にかけてトゥールーズのサン・ミシェル刑務所に投獄される。監獄の中で過ごした五年の間に、友人であったグラネルの援助を得てスティグレールは哲学に目覚める。

そして出所後、ジャック・デリダに師事し博士論文を提出する。ユク・ホイによると、スティグレールが刑務所で書いた文章を見たグラネルは「これが君の哲学になる」と言ったらしい(2)。この文章はスティグレールの博士論文に含まれており、論文の審査委員会の一員であったジャン＝リュック・マリオンはその部分を独立させて出版することを望んだが、スティグレールはそれを拒否した。この文章は『技術と時間』の第七巻として発表される予定だった。

その後国際哲学コレージュの研究プログラム・ディレクターや、ポンピドゥー・センターで開催された「未来の記憶」展の企画・キュレーションなどをつとめ、コンピエーニュ工科大学やロンドン大学のゴールドスミス・カレッジで教鞭をとった。

スティグレールはただ論文を書くだけでなく、フランソワ・ミッテランによる新しい国立図書館の電子アーカイブ化構想を担当し、INA（国立視聴覚研究所）、IRCAM（音響・音楽研究所）の要職を歴任し、ポンピドゥー・センター内にIRI（研究とイノヴェーション研究所）を設立するなど、デジタル革命下で新しい文化的・認知的実践を開発するために活動した。また二〇〇五年にはArs Industrialisという産業変革運動を組織する。この団体は、産業資本主義と技術の未来について議論する討論会やシンポジウム、ワーキンググループを組織し、これらの取り組みを書籍やネット上で公開している。またArs Industrialisは、二〇一六年からパリの北に位置する自治体連合プレーヌ・コミューンで「協働型経済」という社会実験を行っている。

二〇一八年には、国際連盟百周年となる二〇二〇年に向けて、人新世の喫緊の課題に対処する新しいマクロ経済モデルを考案し実験するインターネーション（Internation）という組織を立ち上げた。[3] この活動は後にトゥーンベリ世代友の会（Association des Amis de la génération Thunberg, AAGT）に引き継がれた。この会は、気候変動の危機を訴えるグレタ・トゥーンベリや若者たちの呼びかけをうけ、スティグレールと作家のル・クレジオが共同で設立したものである。

（2） Hui 2021, p. 77.
（3） インターネーションとはマルセル・モースに由来する概念である。モースは、国際主義の発展が領土や文化の特異性を犠牲にしてはならないと提言し、それぞれのネーションが持つ個性を尊重しつつ、諸国家が協調するインターネーションという概念を提起した。

二〇二〇年一月にはジュネーブで記者会見を行い、アントニオ・グテーレス国連事務総長に宛てた書簡を発表した。書簡では、今のままでは国家も企業も人新世の課題に対応できないことが指摘され、その理由の分析と、現状を克服するための方途が提示された。その後、スティグレールは自ら創立にかかわったArs Industrialisをトゥーンベリ世代友の会に引き継ぎ、その目的と研究分野を刷新することに決めた。産業資本主義がもたらす危機の克服を目指すArs Industrialisの活動は、トゥーンベリ世代友の会と統合することによって、人新世、科学研究の危機、世代間関係の破壊という文脈の中に位置づけられることとなった。

以上のように、監獄からはじまったスティグレールの哲学は、人新世の破局的な状況に立ち向かうための理論的・実践的プロジェクトにまで拡大深化した。その根幹には技術がある。ただし、スティグレールにとって人新世とは自然環境の危機だけを意味するのではなく、したがってその技術論も環境保護の文脈に限定されない。スティグレールの人新世の技術論は、自然という制約のなかで技術を駆使し、文化や民族といった集団的生を営むと同時に、この世にたったひとりしかいない「私」として生きる、私たちについての哲学なのである。

序章　人新世からネガントロポセンへ

1　人新世とは何か

人新世（Anthropocene, Anthropocène）とは、一九八〇年代初頭に生態学者ユージン・ストーマーによってはじめて用いられ、二〇〇〇年代に大気科学者パウル・クルッツェンによって人口に広く膾炙した、新たな地質時代の名である[1]。大気中の二酸化炭素やメタン濃度が増大しはじめた十八世紀以降、人間の活動は大気や地表、生物圏を後戻りできないほど変化させ、地層にも痕跡を残すようになった。人新世に人間を意味するanthropo-という語が付いているのは、人間が、小惑星の衝突や火山の大噴火に匹敵

（1）ただし、人新世を地質年代とするか否かはいまだ地質学者の間でも賛否が割れており、今後の審議の中で否決される可能性もある。

するような地質学的な変化を地球に刻みこんでいることを表す。
人新世の指標のひとつが温室効果ガスである。一七五〇年ごろにくらべて、人間が排出する物質が原因でメタン（CH_4）は一五〇パーセント増加し、亜酸化窒素（N_2O）は六三パーセント増加し、二酸化炭素（CO_2）は四三パーセント増加した。二酸化炭素の濃度については、産業革命前には二八〇ｐｐｍだったのが二〇一三年には四〇〇ｐｐｍにまで増加した。これは過去三〇〇万年のあいだには見られなかったレベルに達している。[2]
人新世への転換点は、ジェームズ・ワットによる蒸気機関の平衡運動機構の発明に位置づけられる。[3]およそ一万一七〇〇年前にはじまる完新世（holocene）の相対的に安定した生態環境の諸条件は、産業革命以降、人間の活動によって瓦解してしまった。[4]したがって、もし数百万年後にその時代の地質学者が現代の堆積物を調査することがあれば、彼らはそこに顕著で急激な転換を見出すだろう。それは六五〇〇万年前に隕石が現在の中央アメリカに衝突し、地球上の生物種の四分の三が消滅した転換に匹敵する。[5]人新世という概念は、産業革命による恩恵が気候変動や生態系の破壊と切り離すことができないこと、この自然と社会の相互作用を無視してきた結果、現代の私たちがいかに破局的な状況に陥っているかを示唆するのである。
スティグレールもまた人新世という概念のインパクトを受け止めているが、着目するのは技術である。人間とともに誕生した技術は、とくに十八世紀後半以降、産業用機械の発展を通してその進化のペースが加速し、さまざまな制度や法を問いに付すまでになった。そして二〇世紀以降、進歩のペースはますます加速し、その結果自然環境だけでなく人間の精神もまた深刻な危機に直面することとなった。

2 エントロピー増大の法則

人新世への移行は、近代においてニュートン物理学が知の土台となり、熱力学の知見、とくに第二法則であるエントロピー増大の法則が抑圧されたからだとスティグレールは考える。ここではエントロピー増大の法則を、「物質とエネルギーは使用可能なものから使用不可能なものへ、あるいは秩序化され

(2) Bonneuil et Fressoz 2013, p. 19. 邦訳二一頁。

(3) クルッツェン自身はワットの蒸気機関が特許を取得した一七八四年を人新世の画期とするが、人新世とはワットの脳から蒸気機関や石炭とともに突然登場したわけではなく、長い歴史的プロセスを経て登場したという指摘もある。十六世紀まで遡るこのプロセスは世界を経済的に連関させ、長い時間をかけて人間と地球を開発し、後の産業化を可能にした(Bonneuil et Fressoz 2013, p. 254. 邦訳二七七―二七八頁)。ここでは人新世の日付をめぐる議論には深入りしない。

(4) ただし、人新世の原因を「ヒトという種」に求めることを批判する議論もある。マルクス主義や世界システム論の系譜に属する論者たちは、完新世から人新世への移行をもたらした原因を、資本主義の地球規模での発展とその根底にある支配と抑圧の構造に見出している。そのため、新たな地質年代として人新世ではなく資本新世(Capitalocene)がふさわしい、という主張もある。

(5) Bonneuil et Fressoz 2013, p. 27. 邦訳二九頁。

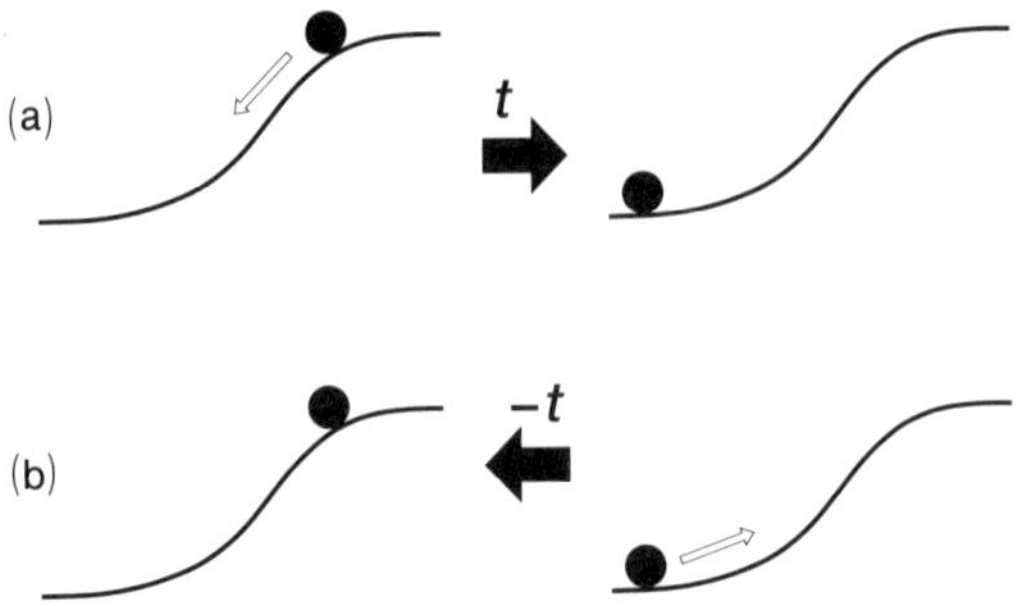

図1　時間の矢（平山 2023, 113 頁）

たものから無秩序化されたものへと不可逆的に変化すること」とごく簡潔に定義する。[6]

たとえば、デカルトやカント、そして新古典派の経済学者たちが依拠した物理学において、エントロピーは増大しない。世界は完全に閉じた系として、何ものも失われない循環として描かれる。このように消耗、廃物、無秩序への傾向性が排除された世界とは、不可逆的な時間が存在しない世界である。

ニュートンの有名な運動方程式は、**図1**(a)のように、物体が時間tとともに落下することを示す。この方程式ではtはプラス（未来に進む）とマイナス（過去に進む）のどちらでも構わない。$-t$の方向の運動をこの方程式で求めれば、**図1**(b)のように坂を自発的にのぼる運動になる。未来に進もうが、過去に進もうが、法則自身は成立する。これを「時間反転の対称性」と言う。[7]

しかし、私たちの生きる世界では**図1**(b)のような運動はけっして自発的には起こらない。（タイムマシンや親殺しのパラドックスを脇に置くと）時間は一方向にしか進まないのだ。車はさび、バッテリーはあがり、機械は摩耗する。ひとたびある量の石炭が燃焼してしまえば、燃焼する以前の状態にはけっして戻ることはできない。あらゆる事物は人間にとって利用不可能な形態へと質的に劣化する。

エントロピー増大の法則が存在しないと仮定された世界で、人類は自然の制約や限界から解き放たれたと錯覚した。近代的自由という邸宅は、絶え間なく拡張する化石燃料使用という土台のうえに築かれているにもかかわらず、石炭をはじめとしたエネルギー論的転換によって、私たちは生活が脱自然化したかのように思いこんだ。[8] 人新世はその帰結なのである。

したがって、自然の制約や限界は再び政治経済の前提とならなければならない。[9] その先駆者として、ルーマニア生まれの経済学者ニコラス・ジョージェスク＝レーゲンがいる。

（6）以下のエントロピーについての議論は、厳密に科学的なものではなく、アナロジーやメタファーの類として記述される。スティグレールがどこまで熱力学に忠実に従っているのか、その判断は筆者の力量を超えている。

（7）平山 2023：一一三頁。

（8）桑田 2023：四六頁。

（9）たとえば、啓蒙期の経済学者にとって「経済」は人間の働きに限定されるものではなく、その探求の対象は富、人口、土地、そして労働を支配する自然法則にまで及んでいた。人間の精神と行為によってのみ構成され、また人間の理性によって統御されるべき新たな概念的実体としての「経済」の成立は、経済学の認識論的基礎を自然哲学や博物学から、個々の経済主体の主観性や行為の合理性へと移しかえていくことではじめて可能になった。その結果、富はそのマテリアルな属性を剝ぎ取られ、効用という人間主体の主観的・心理的な作用へと一元化されていった。かくして経済は自然から切り離され、人間の働きによって構成されるものだと考えられるようになったのである（桑田 2023：三〇一頁）。

3　ジョージェスク＝レーゲンと技術

ジョージェスク＝レーゲンが描き出すのは、エントロピー増大の法則にもとづき、自然の制約や限界を反映した経済過程である。たとえば一塊の石炭が無限回使えるのであれば、人間生活において希少性というものはほとんど存在しないことになる。[10] しかしそうはならない。完全に燃焼した石炭は灰になる。時間は、質的な変化を伴いながら一方向に進んでいる。

エントロピー増大の法則と同様にジョージェスク＝レーゲンが強調するのがネゲントロピーである。エントロピー増大の法則に従い、生命体を構成する細胞や分子もまた無秩序化されたものに向かっており、完全な無秩序はすなわち死を意味する。しかし開放系[11]である生命はエネルギーを吸収することによって、エントロピーの増大とは逆の方向に（一時的には）向かうことができる。

たとえば太陽から降り注ぐ光のエネルギーによって植物は光合成を行う。太陽光のエントロピーはきわめて低いのだが、それは良質なエネルギーであることを意味する。[12] この低エントロピーのエネルギーを摂取することで、生命体は自らの低エントロピー状態（秩序化）を維持する。シュレーディンガーはこの低エントロピーをネゲントロピーと言い換え、「あらゆる生物は、その周囲の環境から絶えず自由なエネルギー、すなわちネゲントロピーを摂取して生きている」と述べた。[13] したがって、「経済の再生産にとっての問題は、絶え間ない物質の崩壊を生命（＝人間）の側からいかに制御できるか」なのであ

る。(14)

ジョージェスク＝レーゲンは自然による制約とその限界を排除した経済理論を批判し、代わりにエントロピー増大の法則に支配された自然界と人間とを包括する経済理論を打ち立てた。資源＝エネルギー浪費型の経済から、地球の生物圏と調和しうる規模の経済へ。このようなジョージェスク＝レーゲンの構想は、脱成長を掲げる社会運動にその理論的・思想的な基礎を与えた。

ジョージェスク＝レーゲンの議論の中でスティグレールが注目するのは、アメリカの数理生物学者アルフレッド・ロトカを経由して、エントロピーと技術の関係に言及している点である。すべての生物は自己の生を享受し、それを維持するために低エントロピーのエネルギーを摂取するが、そのとき生物的器官を使用する。これらの器官は翼、鋭い爪、体毛など種によって異なるが、各個体に生まれながらに備わっている。ロトカはそれらを身体的道具（endosomatic instruments）と呼んだ。

（10）ジョージェスク＝レーゲン 1993：七頁。
（11）断熱した容器のように外界とのエネルギーと物質の出入りがない系は孤立系、物質のやりとりはできないがエネルギーのやりとりができる系を閉鎖系という。開放系は、物質とエネルギー両方のやりとりができる系である。
（12）エントロピーSと熱量Qおよび温度Tのあいだの関係はS＝Q／Tと表せられる。太陽光を5750K、大気の表面を250Kとすると、それぞれQ／5750、Q／250となる。5750は250の二三倍であるため、太陽光のエントロピーは地球表面のそれの1/23ということになる。
（13）シュレーディンガー 2008：一四一頁。
（14）桑田 2023：一二五頁。

他方、少数の境界線上の例外を無視するなら、人間はその活動において生物体の一部ではない器官を使用する唯一の生物である。ロトカはそれを身体外的道具（exosomatic instruments）と呼ぶ。つまり技術だ。たとえば素手よりも石斧を使ったほうが上手く木を切ることができるように、人間は身体外的道具によって効率よく低エントロピーのエネルギーを得ることができるのである。[15]

4　ネガントロポセンへ

以上のように、エントロピー増大の法則に技術の観点を組み込むジョージェスク＝レーゲンの経済理論は、スティグレールに大きな影響を与えた。それは人新世の危機的状況と対峙するための武器となる理論であった。ただしスティグレールにとって人新世の問題は、二酸化炭素やメタンガスの大気中濃度、地球の表面温度の上昇、熱帯雨林の減少のような、自然環境の破壊だけにとどまらない。人新世の画期をなす産業革命以降、生の標準化の圧力は日増しに高まっており、それは生物多様性だけでなく文化多様性、言い換えると「われわれ」と「私」の特異性を破壊する。[16]自然環境だけでなく人間の精神をも破壊する事態、これこそがスティグレールが人新世と呼ぶものだ。[17]

繰り返しになるが、生命は自らを構成する細胞や分子の無秩序化を避けるために、低エントロピーのエネルギーを摂取することによって生命体としてのまとまりを維持する。たとえ個体が死んだとしても、生殖によってＤＮＡを伝え、種としてのまとまりを維持しようと試みる。他方、人間は遺伝的記憶だけでなく、技術を使って神経的記憶も他の個体に伝えることができる。技術の役割は効率よくエネルギーを摂取することだけではない。それは知の蓄積と組織化によって文化を生み出すのであり、その文化を共有することによって民族という共同体も生まれる。

つまり、人間の場合は生物学的な構造だけでなく、文化の構造もまたネゲントロピー的なのである。[18] たとえば人間の言語において「言語一般」というものは存在せず、ある言語が拡散し完全に均質化することも（今のところ）ない。その代わり、「日本語」や「フランス語」のように、集団そして個人ごとにそれぞれ固有の言語がある。言語以外にも、たとえば「和食」や「フランス料理」、さらに「関西風」や「ブルターニュ料理」といった各地域の郷土料理がある。これは、拡散や無秩序に向かう不可逆的な時間とは異なる時間が文化にも流れていることを意味する。反対に、たとえば地球上のあらゆる文化のアメリカ化が急速に進み差異が消滅することを、スティグレールはエントロピーの増大だと表現する。[19]「ネゲントロピーとは、エントロピーがすべての事象を平準化し、一緒くた（indifférenciation）にしてし

（15）ジョージェスク＝レーゲン 1993：三九三頁。
（16）本書では一般的な一人称の「私たち」と、集合的個体化の所産である「われわれ」とを区別して表記する。集合的個体化については第3章参照。
（17）N, p. 55.
（18）ASN, p. 20. 邦訳三二―三三頁。
（19）TT3, pp. 307–308. 邦訳三五八頁。

まうことに対抗するものであり、逆に、すべての事象を個体化していく動きは本質的にネゲントロピー・プロセスである」[20]。

したがって、人新世とは、地球環境だけでなく文化と、それを構成する「われわれ」や「私」の危機を表す言葉なのである。産業革命以降、鉱山や化石だけでなく人間の精神もまた資源として利用されるようになった。経済は鉱物や土壌といった自然環境だけでなく、文化を生み出し、民族としてまとまり、「私」として生きる精神とも相互依存関係にあるのだ。エントロピー増大の法則を無視した野放図な産業の発展は、自然だけでなく人間の精神をも荒廃させてしまった。世界中に張り巡らされた計算テクノロジーのネットワークは、事態をますます深刻なものにしている。

スティグレールにとってエントロピー増大への抵抗とは、自然環境保護だけでなく、文化や広い意味での精神を支え保護することも含む。その理論的・実践的プロジェクトは、人新世（Anthropocène）にネゲントロピー（négentropie）的プロセスを確保することによって、ネガントロポセン（Néguanthropocène）へ移行することを目指す[21]。ネガントロポセンとは、人間独自のネゲントロピー的プロセスを支える技術の体制が刷新される時代である。それは自然環境と人間の精神に配慮した、政治経済の新たな時代でなければならない。

これまで経済は、「所得が高ければ消費が高く、効用・満足度・幸福度も高い」という基本命題のもと、ＧＤＰを指標にして経済成長に努めてきた。しかし近年、ＧＤＰと生活満足（幸福）度の乖離が指摘されている[22]。所得によってもたらされる幸福には閾値があり、一定以上になると、国民ひとり当たりのGDPが大きく増加しても生活満足（幸福）度にはほとんど変化がない。したがって、経済成長のためなら大気を汚染し、生態系を破壊し、人々の精神を荒廃させても構わない、という人新世的状況から脱却しなければならない。そのカギとなるのが身体外的道具、すなわち技術である。スティグレールの哲学は人新世の技術論なのだ。

＊

以下、本書は次のように構成される。

第1章から第5章までは、「技術とは何か」という問いに答える内容になっている。まず「技術は手

（20） RM, p. 44. しかしエントロピーの増大を止めることはできない。遅らせることができるだけだ。スティグレールはデリダの差延（différance）を、エントロピーを遅延させるものだと再定義する（Stiegler 2018, p. 848）。フランス語の名詞 différence（差異）は動詞 différer に由来する。この動詞には「異なる」という意味のほかに「遅らせる」という意味もある。しかしその意味は名詞 différence からは抜け落ちている。差延とは、différence のeをaに変えることで（différance）、différer の現在分詞形である différant を経由して名詞化した形となり、「遅らせる」という意味を持たせるよう造られた言葉である。差延のaとはエントロピーの増大を遅らせるaなのだ。

（21） Stiegler 2018, p. 849. 厳密に言うと、ネガントロポセンとはネガントロピーとアントロポセンを掛け合わせた造語である。スティグレールはヒト（anthropos）が手を加えた環境から生み出されたエントロピーをアントロピー（anthropie）、ネゲントロピーをネガントロピー（néguanthropie）と呼ぶ。

（22） 橋木 2015：一五六―一五七頁。

段ではない」という消極的規定からはじまり、ギリシャ神話、先史人類学、ハイデガー、シモンドン、フッサールなどの哲学を批判的に検討することで、技術がどのように人間を代補しているか検討する。技術とは「私」と「われわれ」を代補するとともに、両者の準安定的な平衡状態を保つものでもある。さらに技術は意識の時間に組み込まれており、そのため意識とは流れではなく渦として描かれる。この意識の渦が張り詰めた状態において、アテンションという認知様態が可能となる。

第6章から第9章までは、「技術とどう付き合っていけばいいのか」という問いに答える内容になっている。技術は人間を根本的に代補している。ということは、技術を操作することで人間をある程度コントロールすることができる、ということだ。スティグレールは資本主義がどのように技術を産業的に組織しているか、それによって私たちが何を失っているのか分析する。その射程はビッグデータを活用したアルゴリズムによる統治、そして自動化による雇用の消滅にまで及ぶ。しかし、スティグレールは雇用の消滅を労働の再興のチャンスだと考え、新たな経済モデルを提案する。それは人新世からネガントロポセンへの移行を実現する、新たな政治経済モデルである。

第1章　技術は手段ではない

1　メノンのアポリア

スティグレールは自らの哲学の端緒について、次のように語っている。「実際『メノン』のこの部分を分析しながら、図の役割と書くこと（graphein）〔刻むこと、書くこと、描くこと〕の必要性（…）に驚きを受け、私は当時は作業仮説だった考えを述べるようになり、それは後に文字通り「理論」となった」[1]。若き日のスティグレールが『メノン』からうけた驚きは、通奏低音として彼の著作のなかで響き続けている。

スティグレールが言う『メノン』の「この部分」について簡単に確認しておきたい。貴族の子息であ

（1）PA, p. 38. 邦訳四九—五〇頁。

るメノンは、ソクラテスに対し「徳を教えることはできるのか」と問いを発し、問答に引きずり込む。しかしソクラテスはそこで提出された答えをすべて否定する。業を煮やしたメノンは、探究するときに陥るパラドクス、いわゆる「メノンのアポリア」をソクラテスに突きつける。メノンのアポリアはスティグレールによって次のように要約される。

すでに知っているのではないことは探し求めても無駄である。というのも、偶然見つかったとしてもそれをそのものとして認められないだろうし、それをそのものとして認めるならすでに与えられていたのであり、発見したと言うのは他人を欺く、あるいは自ら誤ることになる。(2)

たとえば、徳とは何か知らないために「徳とは何か」と問う。しかしそこで「徳とはこれこれこういうものである」という意見が出され、それが正しい答えだ、と思いいたることができるのはなぜか？　徳とは何かを知らないのであれば、かりに徳の正しい答えが見つかったとしても、それが正しいとわからないのではないか？　反対に、「これこそ徳の正しい答えだ」と判断できるのは、そもそも徳とは何か、あらかじめ知っていたからではないのか？

このアポリアに対して、ソクラテスは学びや探究とは忘れていた知識を想い起こすことだと主張する。いわゆる想起説だ。この想起説を証明するために、ソクラテスはメノンの召使の少年に幾何学の定理を教える。ソクラテスに導かれる過程で少年は自身の無知に行き当たり、最終的には、幾何学の定理を学習＝想起するに至るのである。これでアポリアは解決される。知っていたが、忘れていただけなのだ。以上のように、「徳」や「正義」といった特定の概念ではなく、真理それ自体をめぐるソクラテス－プラトンの議論は、西洋形而上学の起源として読み継がれてきた。そのためメノンのアポリアや想起説には、これまで多くの議論が集中し紛糾してきた。スティグレールが以上のエピソードのなかで注目するのは、幾何学の定理を想起するにあたって地面に図が書かれていた点である。哲学の歴史において、この図を書くことやそれを支える地面の役割は無視されてきた。哲学は、それがはじまるまさにその時に、技術（テクネー）と知（エピステーメー）を切り離したのだ。

2 テクネーとエピステーメー

技術と知の分離はソフィストを批判する政治的文脈から生まれた。ソフィストたちの技術は、言語を権力のための道具として使い、真偽をあやふやにしてしまう（現代でも通じる話だ）。哲学の知vsソフィストの技術、この対立を継承しつつアリストテレスは「制作された物はいかなるものでも、自らのうちに制作の原理を有していない」と述べる。制作された物、たとえば道具は生物とは異なり自ら運動しない。したがって道具は使用者の目的や意図に従う手段でしかない。現代でも常識的なこの技術観は、古

（2） TT2, p. 222. 邦訳三一一頁。

代ギリシャ以来連綿と受け継がれてきた。

たとえばマルティン・ハイデガーの存在論や、ユルゲン・ハーバーマスのコミュニケーション的行為は、技術を一種の堕落と見なす。ハイデガーとハーバーマスは、両者ともに人間の能力であるはずの技術によって人間そのものが損なわれ、「人間の本来的なもの」である言語が技術化され堕落するという点で見解が一致している。[3] これは先ほど見た哲学者の知vsソフィストの技術という図式の踏襲だ。

しかし両者の差異は重要である。ハーバーマスが依然として技術を手段の範疇から分析するのに対して、ハイデガーはそのような態度を批判する。『存在と時間』でハイデガーは、つねにすでに道具（手許存在）のネットワークに埋め込まれた現存在のあり方を分析していた。したがってハイデガーからすると、技術を手段の範疇で考える伝統的な立場では、技術の本質には接近できない。技術が手段でないとすれば、ハーバーマスが考えるように民主主義的な思考とコミュニケーションによって技術を統御することは問題にならない。問題となるのは、人間、技術、言語が関係し合う結節点をあらためて考えること、目的－手段とは別の関係を人間と技術にとり結ぶことである。

スティグレールは主著『技術と時間1』の第一部で、アリストテレスによる技術の定義（制作された物はいかなるものでも、自らのうちに制作の原理を有していない）を批判するべく、技術進化の理論を参照する。それによって物理学の対象である無機の存在者と、生物学の対象である有機構成された存在者とのあいだに、第三の存在者、つまり技術対象という「有機構成された無機の存在者（étants inorganiques organisés）」なるものがあるという仮説が提起される。[4] 有機構成されているとはいえ非有機的な技術対象は、単に鉱物のような無生物の秩序に属しているのでも、生物の秩序に属しているのでもない。
スティグレールが参照するベルトラン・ジル、アンドレ・ルロワ＝グーラン、ジルベール・シモンドンらの技術論において重要なのは、進化論的なパースペクティブが採用されている点である。技術の歴史を論じるにあたって、ある特定の人間や民族の才能の果たす役割はきわめて小さく、むしろ「システム」としての技術の発展は生物学や動物学との類比から説明される。技術とは単なる死せる物質ではなく、生物のように環境による淘汰を経て進化していくのであり、そこでは技術の適者生存理論さえ確認される(5)。

ただし、技術とはもはや単に生命を持たない物質ではないが、生命を持った物質でもない。それは無機物でありながら、生物が環境との相互作用において変容するのと同じように変容する、「有機構成された無機の物質」なのである。技術進化の理論によってアリストテレスの区分は脅かされることになるだろう。技術は使用者の目的や意図に従う手段ではない。それは独自の論理を持っており、個々の人間

(3) TT1, p. 27. 邦訳一八—一九頁。
(4) TT1, p. 30. 邦訳二三—二四頁。
(5) ただし、生物の進化と技術の進化を同一視することはできない。技術は技術どうしが組み合わさって新たな技術を生む。生物においても器官の組み合わせで新しい生き物が創出されるが、このような大規模な進化が起こるのはまれである。他方、技術の組み合わせは当たり前のように日々生じており、創出と世代交代のペースはきわめて早い（アーサー 2011：二三七—二三八頁）。

と、広い意味での社会と対等な存在として扱わなければならない。

たとえばスティグレールは、人間の感性の歴史は安定したものではないと言う。感覚器官はつねに技術と結びついており、それによってさまざまな社会的な組織ができる。この三つの次元がたがいに影響を与えあい変化するなかで、人間の感性は社会的に機能化されていく。そのプロセスは政治にとってきわめて重要である。なぜなら、共感や感受性にかんする問いは、「いかに共に生きるか」という政治的な問いだからである。

また感性の問題は、現代の生きづらさにつながっているとスティグレールは考える。たとえば二〇〇二年三月二十六日にパリ郊外のナンテール市議会で銃を乱射し、「われわれ」の代表である市議会議員を殺傷したリシャール・デュルンは、「私」として生きている実感が持てない、と日記に記していた[6]。「われわれ」だけでなく、もはや「私」を感じることのできない地獄、それは政治や経済だけでなく技術にも原因が求められる。したがってスティグレールは、感覚器官、技術、社会的な組織の三次元の歴史を研究する「一般器官学（Organologie Générale）」を構想しなければならない、と主張する[7]。

3 一般器官学

一般器官学とは、ジョルジュ・カンギレムの提唱した、人間‐機械を一つの有機的な全体として考える見地である。スティグレールはそれをさらに発展させ、心身の器官、技術器官、そして社会的組織の器官という三つの器官システムの連関と進化を語るための概念として提示した。

器官とは通常、心臓や耳、手、そして脳など、身体における生理機能を営む部分のことを指す。しばしばこの器官はハンマーや電話といった技術によって自らを拡張する、と言われる。この種の議論は何ものによっても代補されていない完全な身体というものをはじめに想定し、技術をその後に来るものとして扱う。

一方スティグレールは、身体を技術が補助するのではなく、身体のさまざまな器官とその機能——たとえば「耳」と「聴く」——は根本的に技術によって代補されていると指摘する。「感覚器官の安定は幻想でしかない。感覚器官は絶えざる脱‐機能化と再‐機能化のプロセスに従属しており、そのプロセスはまさに人為的に作られた物の変化に連動している」[8]。人間にとって、身体の諸器官はつねに技術を通して拡張された器官なのである。

たとえばスティグレールは、脳を身体の中心的な器官として扱う見方に対して、それは脳が人工物と結ぶ横断伝導的関係（relations transductives）を見過ごしている、と批判する[9]。横断伝導的関係とは、ある項が独立して存在するのではなく他の項との関係においてはじめて存立する関係を指す。心身と技術

（6） ASN, p. 13. 邦訳二〇―二一頁。
（7） MS1, p. 24. 邦訳二八頁。
（8） MS1, p. 23. 邦訳二八頁。
（9） MS2, p. 217.

器官の関係とは前後でも上下でもなく、この横断伝導的関係で結ばれている。特定の技術（コンピューターなど）を、心の働きを説明するためのモデルとして取り上げるのではなく、むしろ人間と技術の共進化、つまり、感覚、認知、心理的機能とそれらをサポートする技術との共進化を考えるべきなのだ。

そして、人間と技術の横断伝導的関係は、社会に新たな（広い意味での）制度をもたらし、同時にそれに規制される。たとえばアルファベットの誕生は、批判的知性をもたらすだけでなく、教育システムや公的な議論のあり方そのものを変えた。それと同時に、人間とアルファベットがどう結びつくかは、教育システムや身分制度といった社会的組織によって条件づけられる。長らく識字能力は宗教・政治権力と直結しており、アルファベットが誕生した後でも、万人が識字能力を有していたわけではなかった。人間とアルファベットの結びつきは、支配と被支配という社会の構造を維持するためにコントロールされたのだ。

以上のように、心身、技術、社会的組織の三つのシステムの共進化を考察すること、それが一般器官学の課題である。一般器官学を自称していたわけではないが、この課題に挑んだ先行研究は多数存在する。たとえばジャン＝ピエール・シャンジューは、脳神経を神経内の物理的プロセスに還元するのではなく、記憶の伝達と構成へと開く神経人類学を素描する。(10) シャンジューだけでなく、コミュニケーションにおける文字の人類学的画期を論じるジャック・グディ、古代ギリシャにおけるアルファベットの誕生のインパクトをホメロスやプラトンのテクストから探るエリック・ハヴロック、心は周囲の環境に開かれていると主張するアンディ・クラーク、読字のために脳が再編成される「読字革命」を脳のイメージング技術によって実証するメアリアン・ウルフなど、生物学から神経科学、人類学や民俗学も含むさまざまな領域において心身、技術、社会の共進化が主要なテーマとなってきた[11]。以下ではアルファベットの誕生を例にして、この共進化について見ていくことにしたい。

4　声と記録の「正確さ」

アルファベットの誕生

プラトン（ソクラテス）が『国家』で詩を批判したことはよく知られている。吟遊詩人たちが歌い継いできた音声表現である詩は、声の文化においてコミュニケーションの中核を担ってきた。たとえば古代ギリシャ人は教育を音楽（mousikē）と呼んでいた。というのも彼らは数学や詩や修辞学を、踊ったり手をたたいたり、声に出して歌ったりしながら練習したからである。それはイメージやリズムを活用し聴く者の感情に訴えることで情報を伝達する一方で、伝達を声に、保存を個人の記憶に頼っていたため、ごく限られた事件や行為しか扱えなかった。

他方、アルファベットは伝達される内容をひとつの「対象」として再検討したり再配列したりするこ

（10）　TT2, p. 196.　邦訳二六八頁。
（11）　Alombert 2022, p. 42.

とを可能にする。[12] 生徒は教えられた内容を何度も検討したり、それを他の情報と照合したりすることができるようになった。それによって共に歌いあう教師と生徒の感情的一体感は失われたが、「それはどういう意味ですか。もう一度言ってください」という問いかけ、つまり反省的思考が生まれた。アルファベットは声の文化では見出されえない反省的、科学的、技術的、神学的、分析的経験をもたらしたのであり、プラトンのイデア論もまたその恩恵を存分に受けているのである。[13]

たとえば、文字が導入される以前の口頭で伝えられる『イーリアス』や『オデュッセイア』には、いわゆる「正義」に厳密に対応するような言葉は出てこない。それは具体的な個々の人物の振る舞いや人格として、間接的にしか表面化していなかったのである。文字として対象化されることによって、「正義」は個々の人物の身体的行動や話し言葉から切り離され抽象化される。こうして「正義そのもの」というイデアへの道が開けたのだ。[14]

したがってプラトンの哲学は、アルファベットがギリシャに普及しはじめた過渡期に位置づけられる。詩に対するプラトンの批判に暗示されていたのは、書く行為という新しいテクノロジー、およびそれが読者のなかに生み出す精神状態の擁護であった。[15] 西洋形而上学の原点であるプラトンの哲学は、アルファベットという技術の誕生と切り離すことはできないのである。[16]

しかしアルファベットの誕生は、同時に、一なる真理を追い求めるプラトンの哲学を掘り崩すものでもあった。というのも、アルファベットとは効率が良いだけでなく「正確」なものでもあるからだ。その正確さは絶えず差異を生み、一なる真理への到達を遅延させる。それではアルファベットの正確さとは何か？

アルファベットの正確さ

他の論者と同じように、スティグレールもまたアルファベットの誕生を画期的な出来事としてとらえている。ただし、スティグレールにとってアルファベットの重要性とはその「文字通りのアクセス」、

(12) Havelock 1963, p. 227. 邦訳二四六頁。
(13) Havelock 1963, p. 267. 邦訳三一六頁。
(14) 大黒 2006：五四頁。
(15) Carr 2010, p. 55–56. 邦訳八三頁。
(16) ここで参照したハヴロックは「アルファベットは他の書記体系に比べて効率性に優れており、人類の思考力の大きな飛躍を可能にした最初の書記体系である」と主張しているが、メアリアン・ウルフは「多くの言語学者と古代言語学者たちは、これとは全く見解を異にしている」と反論している（ウルフ 2008：八八頁）。ウルフは脳のイメージング技術の発展からもたらされた最新の研究成果を参照することによって、効率性を「アルファベットだけがなし得た功績ではなく、どの書記体系も少しずつ異なる形で獲得した、すべての書記体系に共通する連続体と見る」よう提案する（ウルフ 2008：一〇〇頁）。
　したがって、文字の歴史全体を客観的に検討してみると、人類の歴史において知的思考の発達を促したのは、最初のアルファベットでもなければ、改良を繰り返してきたアルファベットですらなく、文字そのものであることが見えてくるのである（ウルフ 2008：一〇四頁）。アルファベットがあらゆる文字のなかで最も優れている、というわけではないのだ。

すなわち「正確さ」にある。
むろん正確さはアルファベットの専売特許ではない。算術の記録の正確さはアルファベットの正確さに先行している。しかし幾何学は計算の正確さだけでなく演繹の文字化、すなわち証明を前提とする。[17] 幾何学という学問とその継承は、幾何学者のアイデアだけでなく個々の幾何学者がなした証明を正確に書き写すアルファベットと、それが書き込まれる先である文書によっても支えられているのだ。そこで重要になるのがアルファベットの正確さである。引用しよう。

哲学は、正書法（orthographie）をつねに音声－論理から理解してきた。それは哲学が、正しさ（*rectitude*）（真理（*aletheia*）の厳密さ、「精神指導」のあらゆる規則の正しさ（droiture））を、自己に現前する声、すなわち誰（*qui*）の上に定着させてきたからだ。われわれは、この自己現前が何（*que*）の技術－論理的な正確さの効果によるものでしかないと主張する。（…）表音的と呼ばれる正書法的エクリチュールの本質的現象は、声の記録の正確さよりもまず、声の記録の正確さであり。問題は声よりもまず正確さなのだ。[18]

プラトン以来、哲学において「正確さ」とは声が、すなわち意味やメッセージが意識に現れるあり方を意味するものであった。文字とは声の器にすぎず、著者が文字にこめた意味やメッセージ（声）を正しく読み取ること、それが哲学における「正確さ」となったのである。それに対してスティグレールは、この声の正確さは記録の正確さの効果でしかないと主張する。意味やメッセージの正確さ以前に、それを可能にする記録された文字の正確さが存在するのだ。

したがってスティグレールは、アルファベットの正確さを分析するためにロラン・バルトの『明るい部屋』を参照する。この選択に違和感をおぼえる人もいるかもしれない。というのも、『明るい部屋』は文字ではなく写真を主題とするからだ[19]。

スティグレールがあえて写真の分析を経由する背景には、師であるジャック・デリダの「声」に対する批判がある。デリダは西洋哲学の歴史において、「生き生きした声」を「死んだ文字」よりも優位に置き、両者を対立させる考え方が支配的だったと指摘し、この図式を脱構築してきた。それに対してスティグレールは、「生き生きとした声」という考え方が可能となった技術的条件に目を向けるべきだと主張する。つまり西洋の哲学が声を重視してきたことを批判するのではなく、そもそも声を重視することが可能になるためには、何らかの技術的発明が必要であったのではないか、と考えるわけだ。このような観点からすると、写真はうってつけの題材である。なぜなら、写真は意味やメッセージといった

（17） TT2, p. 48. 邦訳五五頁。

（18） TT2, p. 24. 邦訳一八―一九頁。

（19） ただし、スティグレールは写真が持つ諸特性がすべて文字に還元できると主張しているわけではない。「写真の志向性が文字の志向性に還元されるということではない。アナログの正定立は絶対的に独自である」（TT2, p. 49. 邦訳五六頁）。

「声」を経由することなく、物理的な因果性にもとづいて対象をそのまま記録するからである。

写真においては過去が今、目の前に現れているのであり、そこで写真は「写されたものがかつてあった（*a été*）という確実さ（*certitude*）としての指示作用」を持つ。[20] 写真の正確さ、あるいは確実さとは「声」の特性ではなく、「記録」の特性なのである。写真における被写体はまず誰かに記憶され、そのあとで記録されるのではない。対象の光がフィルムに焼き付けられることによって記録されるだけだ。したがって写真を見る者は「被写体は写されている通りにかつてカメラの前に存在し、その光がフィルムに焼きつけられたその痕跡を自分は見ているのだ」と信じるようになる。[21]

しかし同時に、正確かつ確実に「今」目の前に現れている被写体は、すでに過去のものでもある。つまり写真に「正確に」記録された被写体は、撮影が行われた一回限りの場と文脈から切り離されているのだ。そのため「正確な」記録とは、他の文脈のなかに置かれたとき異なる意味やメッセージを帯びる。写真というメディアは同一の「記録されたもの」と多様な「意味」という二層構造を成しているのである。それは正確に記録されたものであり誰が見ても同じものであるが、文脈から切り離されているために、そこから読み取られる意味は誰が見るかによって異なる。

このような二層構造の実現こそが、アルファベットがそれ以前の文字から区別される重要なポイントなのである。たとえば楔形文字もまた正確に過去を記録するものであるが、よりよく理解するためには文脈の概要を知っていなければならない（**図2**）。というのも、楔形文字では「鳥」を表すシンボルは意味と音という二役を担っているからである。楔形文字で「可愛らしいアヒルが歩いていた」と書かれた文章は、アヒルが何をしていたのか、どんなアヒルなのかだけでなく、「アヒル」というシンボルがそのままアヒルを意味するのかそれとも「ア」という音を表すのか、文脈を知らなければ判然としない。極端に言うと、アヒルが歩いているその場に居合わせなければ文章の意味がわからないのだ（もちろんそのアヒルが可愛いかどうかは意見が分かれるところである）。

したがって楔形文字は、書いた本人が出来事を忘れかけたり順序がわからなくなったりしたときに記憶をよみがえらせるための手段、備忘手段でしかなかった。[22] 楔形文字は完全な音節文字に到達しなかったために、部外者がその文字を適切に読むためには文脈を手がかりにしなければならない。たとえば楔形文字を読む研究者は、時代と文書の種類に応じて表音文字と表意文字の使い分けが異なるために、言葉だけでなく現に研究している文書の文脈をよく知っていることが要求される。[23] その結果、楔形文字で書かれたテクストの解釈共同体は

図 2　楔形文字（ウルフ 2008, 56 頁）

（20）　TT2, p. 25.　邦訳二〇頁。ただし、フレーミングや光線の選択、三次元的現象の平面への変換などを考慮するならば、写真が被写体をそのまま映し出すと考えることはできない。
（21）　谷島 2013：六九頁。
（22）　ボテロ 1998：一二二頁。
（23）　ボテロ 1998：一三三頁。

きわめて閉鎖的なものになる。楔形文字以外でも、たとえばヒエログリフの一部には宗教上の意味が暗号化され幾重にも塗り重ねられていたために、習得できる者はごく少数にとどまっていた（**図3**）。

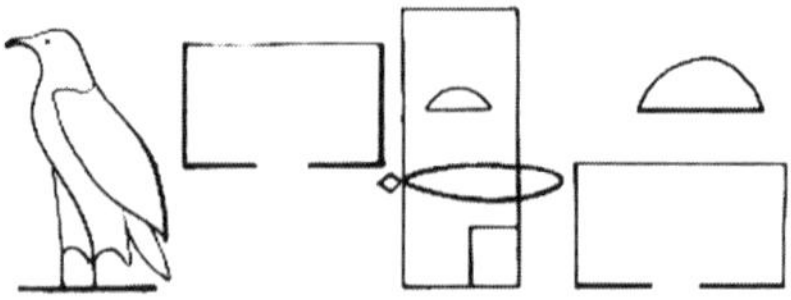

図3　ヒエログリフ（ウルフ 2008，72頁）

他方、アルファベットは文字の数を必要最小限の数に減らし、それぞれの記号をその言語にとって基本的な音に正確に対応させた。その結果、アルファベットで書かれた文章は、書かれた現場に居合わせなくても、文脈を共有していなくても何が書かれているのかは把握できるようになった。アルファベットの「正確さ」とはこのようなものだ。そしてその正確さによって、同じテクストが文脈を共有していない者にも開かれることになる。

たとえばハイデガーと私は文脈を共有していないため、プラトンの『国家』から読み取る意味はそれぞれ異なるだろう。ハイデガーは彼の哲学プロジェクトのために『国家』を読み、私はただひまつぶしで『国家』を読む。しかしハイデガーと私は同じ『国家』というテクストを読んでいることによって離れつつもつながっている。ある日、ハイデガーの『国家』解釈を目にし、私は哲学に興味を持ち始めるかもしれない。同じひとつのテクストであるにもかかわらず、さまざまな文脈に置かれ多様な意味を創出すること。アルファベットはその正確さゆえに「同じ」であることと「多様」であることが矛盾なく共立する技術なのである。そしてこのアルファベットの特性は、古代ギリシャにおける公共性（publicité）の誕生に大きく寄与することとなった。

公共性の誕生

マルセル・ドゥティエンヌによると、古代ギリシャにおける幾何学や哲学、薬学、地理学などの発展はアルファベットに支えられていた[24]。アルファベットによって古代ギリシャに批判的知性が生まれたのである。そしてこの批判的知性とは、学問だけでなく公共性の誕生にも大きく貢献したと言われる。なぜならアルファベットの誕生によって、文脈を共有していない者でも文字の読み書きができるかぎり、対象へと平等に接近することが可能となったからである。アルファベットの誕生は書かれた法の支配を決定づけたのだ[25]。

繰り返しになるが、たとえば象形文字において、図の意味はその集団であらかじめ含意しておかなければならなかった。その絵を以前に見たことがなければ、読む者はその意味を知ることができなかったのである。しかしアルファベットは文字の音を暗記している人ならだれでも判読することができる。そのため書かれた法を読みそれを解釈するという点において、社会の各成員は平等に扱われる。書かれたものの解釈という形で表される言論は、それを表明する人間の社会的属性を括弧に入れ、その論理のみで評価されるのだ。そこに、対等な言論同士が作り上げるポリスと呼ばれる政治形態が出現する[26]。書か

(24) Detienne 1988, p. 20.
(25) Detienne 1988, p. 15.
(26) 谷島 2010：六八頁。

れた法という「同じ」テクストが、「異なる」文脈に開かれていること。それは、テクスト解釈の資格要件が「同じ文脈を共有していること」「その場に居合わせたこと」から、「文字を読むことができること」へと格段に緩和されたことを意味する。

以上のように、アルファベットという技術の誕生によって文脈を共有していない者同士の議論が可能となり、それによって平等を意味するイソノミアと呼ばれる政体が実現された（平等と言っても、女性や子ども、奴隷、外国人は排除されていたが）[27]。イソノミアとは等しいことを意味するイソスと人為的な習わしや法を意味するノモスの合成語である。平等に議論し合う市民の誕生は、理性を備えた人間だけでは成立しない。それはアルファベットという技術によって代補されているのである。

本章のまとめ

若き日のスティグレールは、『メノン』における召使の少年による想起が、地面とそこに描かれた図によって代補されていることに気づいた。西洋形而上学の歴史で見過ごされてきた技術を再評価すること、それがスティグレールの技術論の端緒を開いたのである。

技術とは単なる手段ではなく、独自の論理を持っている。そのため、人間と技術を目的－手段関係としてとらえるのではなく、一つの有機的な全体として考えなければならない。スティグレールは心身の器官、制度のような社会の器官、そして技術器官という三つの器官システムの連関と進化を語るための一般器官学という構想を打ち出す。たとえばアルファベットは、反省的思考や分析的思考、そしてプラトンのイデア論など、それまでにない知的活動を可能にした。

このようにアルファベットは画期的な発明であり、さまざまな知的変革をもたらしたが、スティグレールはその中でも正確さに着目する。というのもこの正確さが、同じテクストを読みながらも、各自が異なる解釈を生むことを可能にするからだ。そしてそれは対等に議論しあう市民の誕生も支えた。同じテクストを読んでいるという点ではつながりつつ、異なる意味やメッセージを読み取るという点では離れている。市民たちがただバラバラになるのでもなく、まったく同じ考え方で固まるのでもない、つながりつつ離れるあり方はアルファベットによって可能となった。[28] ということは当然、印刷革命によって

（27） Detienne 1988, p. 20. TT2, p. 52. 邦訳六〇頁。ただし、古代ギリシャに誕生したのはアルファベットという「文字」であり、「活字」ではない点に注意しなければならない。この段階では、文字が読めない大衆の代わりに読み書きができる特権的な少数者が音読する、という行為が一般的であった。たとえばドイツ語で講義をVorlesungと言うが、これは「前で（vor）読む（lesen）」ことを意味し、それは活版印刷発明以前の時代、大学での講義は教師が教壇で書物を読み上げることで成り立っていたことに由来する（大黒 2006：五七頁）。

（28） しかし、アルファベットの誕生と市民の誕生をダイレクトに結びつけることはできない。そのような議論は技術決定論の誹りを免れないだろう（Beardsworth 2013, p. 211）。技術と社会の関係は複雑であり、技術が変化すれば社会が変化する、というような一方向的なものではない。

たとえばプラトンのイデア論を可能にした条件として、アルファベットという技術だけでなく呪術段階を含めた古代ギリシャにおける宗教的背景も重要な役割を果たしたことが指摘されている（Cornford 1957）。また木庭は、イソノミア体制へのアルファベットの影響を重要視するドゥティエンヌの議論は、ポリスという都市の構造を看過しているとして批判している（木庭 1997）。

文書として文字が流通すればそのあり方は変化する。

したがって、スティグレールにとって技術とは、人間による行為の対象であると同時に、その行為を可能にするものでもある。それは知性やコミュニケーションのあり方そのものを支えているのだ。何を記憶し、何を未来に期待し、今を生きるのか。この時間の伸び広がりは、技術に支えられている。技術はただの手段ではないのだ。

第2章　人間と技術の誕生

1　エピメテウスの過失

『技術と時間』シリーズの記念すべき第一巻の副題は「エピメテウスの過失」である。エピメテウスとは古代ギリシャ神話に登場する巨神族の一員であるが、まずはこの題の奇妙さに注目しよう。一般的に、人間と技術とのかかわりを論じるときに言及されるのはエピメテウスではなく兄のプロメテウスである。[1] そのため人間が技術を得るまでのエピソードは「プロメテウス神話」と呼ばれる。「プロメテウ

（1）　たとえばジャン・ブランは『手と精神』において、道具による自然への働きかけを強調する議論を「プロメテウス主義」だと批判する（Brun 1963, p. 41）。また金森修は、「技術的媒介が成熟するのを見て、その限界が凌駕可能なものだと感じた途端に、その限界超克をほとんど義務的なものだと感じる」人間の性を「プロメテウス・コンプレックス」と呼ぶ（金森 2005：二三七頁）。

ス神話は人間学的観点からなされた歴史上最初の技術哲学の表現形態である」と言われるほど、プロメテウスと技術との結びつきは強い[2]。

それではなぜスティグレールはプロメテウスではなく弟のエピメテウスに注目するのか? 以下ではこの問いに答えることを通して、スティグレールにおける技術の定義を確認することにしたい。スティグレールはプロメテウス神話の概要を以下のようにまとめる[3]。

ある日ゼウスは巨神族の兄弟プロメテウスとエピメテウスに対して「不死ならざるもの」、すなわち人間と動物を生み出すよう命じた。その際ゼウスは不死ならざるものたちに分配するための特質(qualités)を兄弟に与えた。不死ならざるものたちにとって、「鋭い牙」や「固い体毛」のような特質は生きるために必要不可欠なものである。この特質の分配を買って出たエピメテウスは、ゼウスから受け取ったすべての特質を分配し終えた後になってはじめて、人間にだけ特質を与えていないことに気づく。このエピメテウスの過失によって人間には特質が欠如(défaut)してしまったのである。

そこで兄のプロメテウスは、この特質の欠如を補うためにヘーパイストスとアテーナーから技術を盗み出し人間たちに与えた。これによって、人間は特質の欠如を技術によって補うことが可能となったのである。ここで技術とは特定の道具だけでなく、人間を動物から区別する広い意味での知性を指す。この人間を人間であらしめる知性とは、プロメテウスの名が体現する「プロ・メテイア(先見の明)」である。

まず、以上のプロメテウス神話から、スティグレールは「人間の起源には起源の欠如とそれを補う技術しかない」という人間観を打ち出す。(4) 弱く脆い人間は生き残るために、鋭い爪の代わりにとがった石ころを、固い体毛の代わりに頑丈な衣服を発明しなければならない。つまり、まず技術によって汚されていない純粋な「人間」が存在し、その後に外から技術が付け加わるのではない、ということだ。人間とはその起源から技術によって補われている存在なのである。

次にスティグレールは「プロメテウス」の接頭辞であるプロ（pro）の時間性に着目する。Proとは「序章（prologue）」や「見込み（prospect）」という単語からわかるように、「前に」あるいは「前もって」という意味の接頭辞である。そしてプロの後に続くメテウス、メテイアとはマンタノというギリシャ語に由来し、学ぶこと、知覚すること、気づくこと、理解することなどを意味する。メテイアという語幹

（2）村田 2009：一六頁。

（3）ここに記したものも含めてプロメテウス神話にはいくつかのヴァージョンがある。代表的な三つのヴァージョン、ヘシオドスの『仕事と日』と『神統記』、アイスキュロスの『縛られたプロメテウス』、プラトンの『プロタゴラス』で語られたそれぞれの神話については村田純一 2009 第一章参照。いずれのヴァージョンも、天界から火を盗んで人間に与えたとされるプロメテウスを主人公とし、火に象徴される技術によって人間の特性を示そうとしている点で共通している。「つまり、この神話の中では、技術は、人間を人間たらしめ、人間を他の動物と区別する決定的要因と見なされており、この点に明確に焦点が当てられている」（村田 2009：一六頁）。

（4）TT1, p. 201. 邦訳二八〇頁。

に「プロ」という接頭辞が結びつけられると、それは「先見の明」や「予見」などの知のあり方を意味するようになる。プロメテウスによって与えられた「人間を動物から区別する広い意味での知性」とはこのようなものだ。

このプロメテウス解釈は常識的な人間観と合致するものだろう。人間は動物とは異なり技術を操り、それにふさわしい知性も持ち合わせている。そしてその人間観は「動物や自然は人間によって支配されるべきだ」という世界観にも地続きである。

しかし『技術と時間1』の副題からもわかるように、スティグレールの力点はプロメテウスではなくエピメテウスに置かれている。この意味について考えてみよう。エピメテウスのEpiには様々な意味があるが、その中には「終章(epilogue)」のように「後に」という意味がある。そのためエピメテウスが体現するのは「エピ・メテイア」、偶然性や起きてしまったことから事後的に学ぶ反省性・受動性である。[5]プロメテウス神話で描かれていたように、エピメテウスは人間に特質を配り忘れるが、それは悪意からではなく不注意や忘却によるもの、すなわち過失である。そして過ちを犯すだけでなく、エピメテウスは過失を反省することによって事後的に学ぶ。人間の起源をめぐる神話には、先を見通す知性だけでなく、すでに起こったことから学ぶ反省的な知の営みも組み込まれているのである。それが「エピメテウスの過失」だ。

以上のように、スティグレールは「歴史上最初の技術哲学」と評されるプロメテウス神話において、プロ・メテイア(先見の明)だけでなくエピ・メテイア(反省)も重要な役割を果たしていることを強調する。[6]『技術と時間』という題からもわかるように、スティグレールにとって技術の考察はプロメテウスとエピメテウスの両者が体現する時間と切り離すことができない。そして、人間と技術の誕生をめぐる神話から得られたこの着想は、人類の誕生をめぐる先史人類学へと接続される。

2　人類は足からはじまった

スティグレールは繰り返し、「人間はすでに与えられた身体に突然訪れる精神の奇跡ではない。つまり「精神」的なものが「動物」に接ぎ木されるのではない」と注意を促す。[7]「動物（身体）」という入れ物に「精神（知性）」が突然舞い降りたのではない。技術についての考察はこの図式を批判するところからはじめなければならない。そのためにスティグレールが参照するのは進化論的な人間観、具体的には先史人類学者アンドレ・ルロワ＝グーランの議論である。

二〇世紀に起こった人類学上の決定的な出来事として、ルロワ＝グーランは大アウストラロピテキナエ（猿人亜科）の骨の発見を挙げる。一九五九年にケニアで発見されたこの骨は、頭でっかちな人間観

（5）TT1, p. 214. 邦訳三〇〇頁。
（6）TT1, p. 205. 邦訳二八六頁。
（7）TT1, p. 154. 邦訳二一二頁。

をもつ人々が唖然とするような「人間の起源」を明らかにするものであった。[8] というのも、そこで発見されたのは大きな脳頭蓋を持った超類人猿ではなく、石の道具を伴った、ごく小さい脳しか持たない人間だったからである。どういうことか。

人間が誕生したのは他の動物よりも大きな脳を持ったからだ、と頭でっかちな啓蒙思想家たちは考えた。しかしルロワ＝グーランは、人間の起源において脳の大きさや重さは二次的なものに過ぎないと言う。それよりも立った姿勢、攻撃的な犬歯を欠いた短い顔、自由な手、取り換えのできる道具の所有といった要素が人間の基準なのであり、脳の大きさや重量はそのあとではじめて問題になるのだ。「脳髄

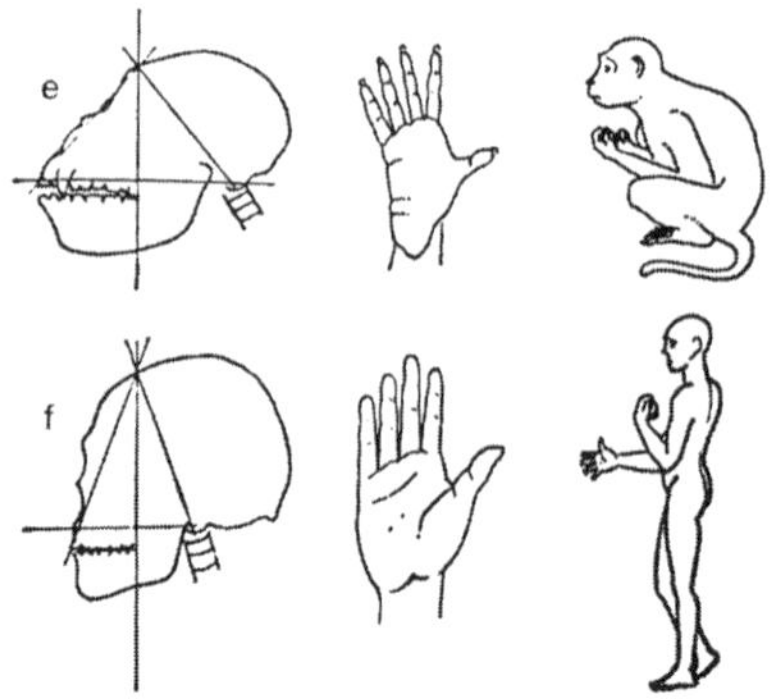

図 4　直立二足歩行による手と頭蓋の解放（Leroi-Gourhan 1964a, p. 59）

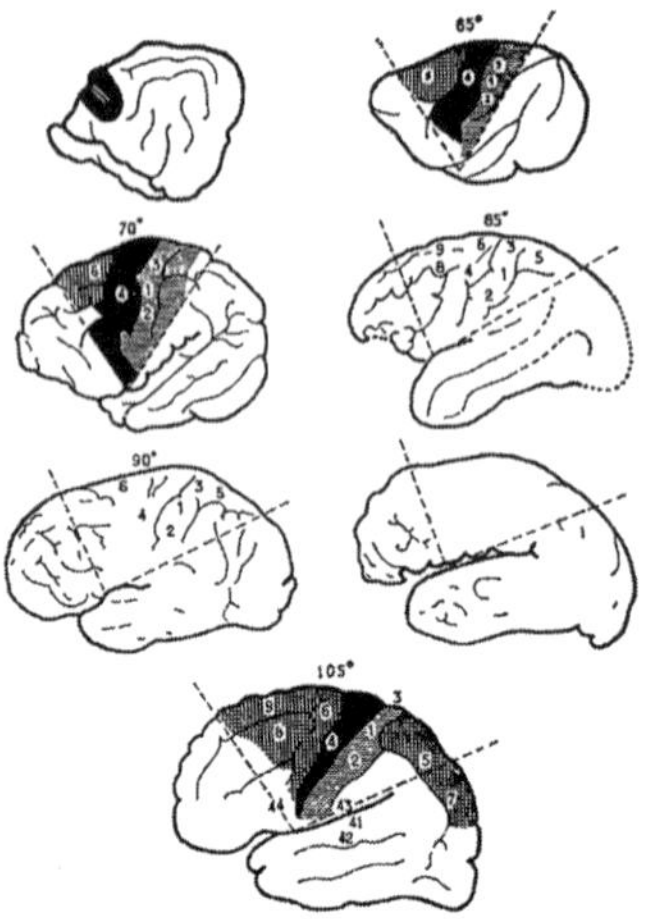

図 5　人間の脳における運動野と体性感覚野の発達（Leroi-Gourhan 1964a, p. 113）

が移動適性の進歩を引き起こしたのではなく、それを利用したのである」[9]。スティグレールは端的に言う。「人類は足からはじまった」[10]。

もちろん人間の誕生に脳がまったく無関係なわけではない。重要なのは、直立二足歩行の獲得は手の解放を意味すると同時に、脳の発達の新しいステージの幕開けをも意味するという点だ。二本足で立つことによって「前足」は解放され「手」となり、頭は地面から離れ脳頭蓋の容積が増える（**図4**）。たとえばヒヒの脳には後頭部がほとんどないが、人間は直立することによって前頭部・後頭部の容積が増え、言語や手の活動を司る中枢を獲得した（**図5**）。これが「人間」を生み出した手と脳の解放という進化史上の出来事である。

脳の観点からもうひとつ重要なポイントは、以上の脳の発達が特殊化の方向に進むかわりに、一般化の可能性に向かった点である[11]。たとえば人間の歯、手、足、それに結局は脳も、マンモスの歯や馬の四肢やある種の鳥の脳のような高い完成度には達しなかったが、反対に、それによって人間はほぼあらゆる可能な行為をなしうる存在となった。

（8）Leroi-Gourhan 1964a, pp. 31–32. 邦訳五一頁。
（9）Leroi-Gourhan 1964a, p. 43. 邦訳六一頁。
（10）TT1, p. 155. 邦訳二一三頁。
（11）Leroi-Gourhan 1964a, p. 168. 邦訳二〇二頁。

われわれが馬より走り方が遅く、牛のように繊維素を消化せず、リスよりよじ登るのが下手だということ、つまり結局のところ、われわれの骨・筋肉器官がすべて、どんなことでもできる能力を持ち続けるためにのみ超専門化（surspécialisée）している、というのは本当である。しかし最も重要なのは、人間の脳がどんなことでも考えられる能力を持ち続けるように進化し、しかも実質的には空っぽなところから生まれたということである。[12]

さきのプロメテウス神話で人間が特質を与えられなかったエピソードを思い出そう。人間は他の動物にはない可塑性、柔軟性を獲得したが、それはプロメテウス神話で見たように、人間が生き残るための特質を欠いていることを意味する。鋭い牙や爪、たくましい四肢を持たない人間は、その欠如を埋めるために道具を発明し操作しなければならない。古代ギリシャの神話は、人類学的に裏付けられたのである。

それでは特質を欠いた人間にとって「技術」とは何か。考え方としてよくあるのが、技術とは人間の身体の延長あるいは拡張である、というものだ。たとえば旧石器時代における石斧は人間の手の代わりに働くものであるため身体の働きの延長、あるいは身体よりも効率的に働くという意味では拡張と言っても差し支えないだろう。それは人間が作った身体の器官の代わり、「人工器官（prothèse）」なのである。

人工器官は身体の代わりという意味では身体の延長あるいは拡張であるが、それだけでなくその用途や対象をあらかじめ指定するものでもある。たとえば石斧はただそこにあるだけではない。それは実際に使用される前から、切る・割るといった人間の動作と、その対象となる草木や動物などをあらかじめ時間と空間のなかに位置づけている。石斧が発明される前は「割ることのできない木の実」だったものが、石斧が発明され普及したあとには「食糧になる木の実」へと見方が変化する。

したがって、人工器官（prothèse）とは身体の動作に先立って、対象をあらかじめ前に（pro）定立する（thesis）という役割を果たすのだ（thesis はあらかじめポジショニングするという意味である）。人間は道具をつくることによってより効率的に獲物を狩ることができるようになっただけでなく、対象との関係を時間的・空間的に「先取り」するようになったのである。そのようにして自然のものとは異なる人工の時間や空間がつくられていく[13]。

このように、人間は自然の前に裸で投げ出されているわけではなく、つねにすでに技術がつくりだす人工的な時空間の中に住んでいる。たとえば石斧は発明者が使用したあとにも残り、後世の人間も使うことができる。われわれは、生まれたときからすでに、先人が発明した技術に囲まれているのだ。このことは、人間という存在が本質的に技術を継承する存在であることを意味する。そしてこの技術の継承こそが、ルロワ＝グーランにとって人間が他の生物から区別される最も重要なポイントなのである。

（12） Leroi-Gourhan 1964b, p. 23–24．邦訳三六四頁。

（13） 石田 2016：四六頁。

3　プログラムの外在化

人間が自然から脱し、人工的な時間と空間を作り上げたことから、やはり人間は知性を持っており、本能しか持たない動物よりも優れている、と思うかもしれない。しかしルロワ＝グーランは人間と動物の差異を「知性」と「本能」という対立に還元することを否定する。問題は知性と本能の対立ではなく、両者のプログラミング方式の対照なのである。

ここで誤解のないように、「プログラム（programme）」の定義を確認しておこう。ルロワ＝グーランはこの語にかなり広い意味を持たせている。それは遺伝情報だけでなく、後天的に身につける身振り、たとえば洗顔、食事のマナー、石斧の振るい方といった動作一般の記憶を指す[14]。プログラムという言葉を解体するとプロ（あらかじめ）グラム（刻まれたもの）となるように、われわれが顔を洗ったり石斧を振るったりできるのは、それがあらかじめ記憶されているからだ。

ここで注意すべきは、プログラムは人間だけが保持しているものではない、という点である。たとえば蟹のはさみの使い方は、遺伝情報として蟹にプログラムされたものである。

他方、人間は蟹のようなはさみを持っていないために、道具としてのはさみを発明し使用する。しかしそれは人間がはさみを意のままに操作すること、蟹よりも優れたプログラムを持っていることを意味するのではない。重要なのは、はさみの使い方というプログラムは遺伝子に刻まれているわけではないため、人間がそれを学ぶためにはプログラムをいったん「外」に置かなければならない、ということだ。たとえばそれは紙に書かれた文字かもしれないし、誰かが発した言葉かもしれない。いずれにせよ、起源的な欠失を抱えている人間は、遺伝的記憶だけでなく、「外」に刻まれた記憶を必要とするのである。

つまり、人間と動物の差異にとって重要なのはプログラムそれ自体の質（本能的か知性的か）ではなく、それが置かれる場所なのだ。「理性」や「知性」などと称され、動物よりも優れたものだと言われてきた人間のプログラムは「外在化（extériorisation）」によって可能となった。「最も著しい物質的な事実は（…）人間がその記憶を自分の外、社会組織体の中に置くことができる」事態なのである。(15)

それでは「プログラムの外在化」とは具体的にどのような事態なのか。たとえば生物学において、有性生殖をする生物はふたつの記憶によって構成されると考えられている。ひとつは生殖を行うごとに毎回作用し、そこにおいて染色体が組み替えられる遺伝的記憶である。もうひとつは個体が経験によって蓄積する神経的記憶である。遺伝的記憶は遺伝現象によって世代を超えて相続される一方、神経的記憶は個体の死によって消滅する。たとえある個体がはさみやその使い方を発明したとしても、その経験は遺伝しないのだ。

しかし現代に生きる私たちははさみを使うことができる。それははさみの使い方が遺伝子に刻まれて

（14） Leroi-Gourhan 1964b, p. 28. 邦訳三六九頁。
（15） Leroi-Gourhan 1964b, p. 34. 邦訳三七五頁。

いるからではもちろんない。世代を超えた伝達は、はさみの使い方というプログラムが言葉や紙などに外在化されることによって可能となる。[16]したがってプログラムの外在化とは「生物の歴史において初めて、各個体が獲得した知を生物学的ではない手段によって伝達する可能性が開かれた」という画期的な事態なのである。[17]

このように、外在化されたプログラムとは個体の経験であるにもかかわらず遺伝的記憶のように世代を超えて伝達される。この人間独自の記憶をスティグレールは、「遺伝的記憶（mémoire génétique）」と神経的記憶である「後成発生的記憶（mémoire épigénétique）」の双方をかけ合わせて「後成系統発生的記憶（mémoire épiphylogénétique）」と呼ぶ。[18]わかりづらい言葉だが、個々人の記憶や経験であるにもかかわらず外在化によって遺伝現象のように伝達されるもの、と理解すれば問題ない。

現在「伝統」や「文化」と呼ばれるものも、後成系統発生的記憶の継承によって生まれた。そして集団が同じ後成系統発生的記憶を継承し固有の文化を共有することによって「民族」が形成される。人間は「自分の民族に特有な伝統」、すなわち外在化され伝承されてきた記憶の集合体に囲まれて生まれてくる。[19]したがって民族を語るとき人種や血縁をことさらに取りあげる必要はない。人間以外の生物には民族はない。なぜなら後成系統発生的記憶がないからだ。「人間は消え行くが、その歴史は残存する。これが他の生物との大きな違いである」。[20]

そして、この人間独自の記憶、後成系統発生的記憶を支える外部こそが「技術」なのである。人間は特質を欠いており、生き残るためには石斧の使い方やはさみの使い方などを学ばなければならない。これらの使い方は遺伝子に刻まれているわけではないため、伝達にあたっては何らかの媒体を必要とする。あるいは考古学者が遺構から当時の生活や文化を読み解くように、石斧やはさみ自体からも使い方を読み取ることができる。起源的に欠失を抱えた人間は、技術という痕跡からつねにすでにプログラムを受け取っているのである。技術はそのままで記憶の媒体なのだ。

（16）スティグレールははっきりと述べていないが、言語もまた文化的人工物、技術である。たとえばアンディ・クラークは、人間の巧みな言語学習能力を説明するために、生得的な言語モジュールや、その他の「われわれと他の動物の間にある、広範囲におよぶ計算力や神経系の大きな相違」を仮定する必要はないと述べる（クラーク 2022：四一六―四一七頁）。というのも人間が言語を速く学習するように適応していると同時に、言語も人間によって速く学習されるように適応しているからだ。このような「共適応」は、なぜ言語が人間の幼児によってこれほど速く容易に獲得されるのかを説明するだけでなく、なぜ言語が語彙や文法の両方で、人間集団間でこれほどまでに大きく異なるのかも説明する（ヒース 2013：三四一―三四二頁）。

（17）鳥のさえずりにおける方言や、芋を洗ってから食べるニホンザルのように、さまざまな動物種において文化の存在が報告されている。だが人間の文化はその累積性において動物のものと一線を画す。多くの動物にも社会的に継承される文化は存在しているが、人間の文化のように世代と共により効率的で優れたナッツ割りの技術が登場したり、より複雑な行動が群れの中に広まっていったりするような、文化の累積的な進化はほとんど観察されない（中田・竹澤 2023：一二三）。めだかの学校は存在しないのだ。

（18）TT1, p. 185. 邦訳二五七頁。

（19）Leroi-Gourhan 1964b, p. 24. 邦訳三六四頁。

（20）TT3, p. 199. 邦訳二二九頁。

前節の最後で「人間は自然の前に裸で投げ出されているわけではなく、つねにすでに技術がつくりだす人工的な時空間の中に住んでいる」と述べたが、この時空間とは遺伝子に刻まれたものではなく、また個人が一から作り上げたものでもなく、技術を介して伝達されたものだ。人間の時間と空間は、後成系統発生的記憶が織り上げられて作られたものなのだ。「私の過去は、私の過去ではなく、まず私の先祖の過去である。私に立ってすでにそこに（*déjà là*）ある、ひとつの過去の継承との本質的な関係のなかで、私自身の過去は築かれる」[21]。個体の経験であるにもかかわらず世代を超えて伝達される人間特有の記憶に、人間はつねにすでに囲まれている。

以上のように、人類にとって技術の獲得とは、時間的制約と空間的制約を超えたプログラムの伝達が可能になったことを意味する。記憶の外在化は、石斧から活版印刷、ビッグデータまでを貫く技術の本質的な働きである。人類の歴史は遺伝子に依拠する生命的な系統進化に還元することはできない。それに加えて、遺伝的現象よりも速く柔軟な後成系統発生的記憶の伝達が、人類の歴史を駆動してきたのである。

しかし議論はここで終わらない。さきほど人工的な時空間とは「先取り」を可能にするとも述べた。ここから、後成系統発生的記憶とは先取りという知によって人間を荒々しい自然から守るものだ、と解釈することができるだろう。この知は技術哲学においてプロメテウスに仮託して語られてきた。しかし『技術と時間1』の副題はエピメテウスの過失である。つまり、技術にはもうひとつの知がある。それは何か。

4　差延と人間の発明

ここで立ち止まって考えてみよう。人間特有の記憶である後成系統発生的記憶とは「外在化」された記憶である。ということは、後成系統発生的記憶とはあらかじめ「内」にあった記憶を「外」に置いたものなのだろうか。たとえば頭の中で考えたことを文字にするように、「精神」が先で、その後に「技術」が来るのだろうか。

このように、「内側にある精神 vs 外側にある技術」という対立は西洋哲学によく見られる図式であり、ルロワ＝グーランもまた外在化に先立つ内面（精神、知性、魂など）を前提としている。[22] この図式は両者を平等に扱うのではなく「内側の優位／外側の劣位」という階層を作り出しており、結果的に技術は精神の後に来るもの、従属的なものとして軽視されることになる。

スティグレールはこのような図式を批判するために、ジャック・デリダ（Jacques Derrida 1930~2004）

(21)　TT1, p. 19.　邦訳七頁。

(22)　ルロワ＝グーラン自身は差延を徹底することができず、結局「精神と技術」という形而上学的二項対立を採用してしまった、とスティグレールは批判する。ルロワ＝グーランもまた、自身が批判したルソー的な身振り──〈内在、自然、精神〉と〈外在、技術、物質〉とを対立させること──をなぞってしまったのである。スティグレールによるルロワ＝グーランへの批判の詳細な検討については中村大介 2003 参照。

ジャック・デリダ

の『グラマトロジーについて』を参照する。取りあげられるのは「差延」である。「ルロワ＝グーランから始まる分析によって、差延の概念をめぐってジャック・デリダとの対話を始めることもできるだろう(23)」。『グラマトロジーについて』におけるデリダの議論はきわめて複雑で簡単には要約できないが、『技術と時間1』の文脈に限定すると、そこでの議論は「定義上それより以前に遡行不可能なものである起源が、つねにすでに他の何かに代補されることではじめて現れること」だとまとめることができる。たとえばデリダは次のように述べる。「起源は消失したのでさえなく、それは反対に一つの非‐起源、つまり痕跡によってはじめて構成されたのであり、かくして痕跡は起源の起源となる(24)」。

ふつう「起源」と聞くと、当然だがはじめに存在するものだと考えられる。そして「痕跡」と聞くと、はじめに存在したものが刻まれたものであり、したがって痕跡とは起源から遅れてできたものだと考えられる。しかしデリダはそう考えない。起源とはそれが書き込まれた先、すなわち痕跡においてはじめて構成される。このように「起源」とそこから遅れて生まれる「痕跡」という二項を生み出す運動をデリダは「差延（différance）」と呼ぶ(25)。

ここで注意しなければならない点がふたつある。ひとつは、「起源とその痕跡」という対の生成である差延の働きを、「まず起源があり、そのあとに痕跡ができる」という順序で理解してはならない、という点である。繰り返しになるが起源とは痕跡に反復されることによってはじめて現れるのであり、語義矛盾を恐れずにあえて言うならば、起源と痕跡の両項を成立せしめる反復こそ差延における「起源」なのである。

議論が抽象的になってきたので具体例を挙げよう。たとえばわれわれが文章を書くとき、自分が書いたものを読んで「自分はこんなことを考えていたのか」と驚くことがある。書くことは、自分の「内面」にもともとあった思考やイメージなどを地面や紙といった「外」に移すことである。しかしそれは内面の単なる反復であるにもかかわらず、新鮮な驚きをもたらすことがある。もちろん書かれたものは自分が書いたものであるため、さきほど「自分はこんなことを考えていたのか」と過去形で表現したように、自分の内側にもともとあったものとして受け取られる。だがそれはいったん紙などの外側に移すこと、すなわち外在化を経由した後にはじめて内面化される。このように考えると、自分の「内側」が

(23) TT1, p. 147. 邦訳二〇〇頁。
(24) Derrida 1967, p. 90. 邦訳一二三頁。
(25) Derrida 1967, p. 92. 邦訳一二五頁。差延とは人間に限られたものではない。たとえば捕食行動というプログラムはそれ自体では作動せず、生物個体を迂回し、表現型として現れなければならない。ここですでに起源とそこからの遅れが生じているのであり、両者を区別しながら関係づける分節化の働きも見出すことができる。デリダはこのような生命の働きとしての差延を「生物を無生物の上に分節する」と表現する（Derrida 1967, p. 95. 邦訳一二八―一二九頁）。したがって人間の歴史とは、それ自体が表現型への遅れを組み込んだ差延としての生命の運動に、もう一段階の遅れ――後成系統発生的記憶からの遅れ――の契機を持ち込んだ「差延の差延」として理解される（TT1, p. 186. 邦訳二五八頁）。

先なのか、「外側」に反復されたものが先なのか、わからなくなる。むしろ両者は外在化という内面の反復から同時に生まれたと考えたほうが自然である。これが「起源と痕跡の両項を成立せしめる反復」、差延なのである。

次に注意すべきは、差延の定義を「起源など存在しない」という浅薄な命題に還元してはならない、という点である。むしろ『グラマトロジーについて』における差延は事実の観察に基づいて定義されている。差延はプログラムを反復することによって生きのびる生命の歴史そのものとして論じられているのである。そこでは差延における反復を可能にする「モノ」であるグラム（gramme）の歴史も論じられる。生命はつねにグラム、たとえば蟹のはさみ、石斧、紙などの無機物を利用することによってその歴史を展開してきた。起源的なもの、たとえば思考や記憶は、つねにすでに文字言語や痕跡というモノに支えられた差延作用において構成されるのだ(26)。

以上から、スティグレールはルロワ＝グーランが見過ごしてしまった「人間の発明」における曖昧さに着目する。人間と技術の関係は「どちらが先か」ではなく差延において理解されなければならない。その関係とは「対立（opposition）という幻想を与える共立（composition）なのだ(27)」。さきほどの文章を書く例でも見たように、「先立つ内部がないにもかかわらず、外在化について語らねばならないことに逆説がある。内部は、外在化において構成されるのである(28)」。「外在化」とは起源である「内部」をただ反復することではない。反復という起源からの遅れでしかないものが、逆説的にも自らの起源を構成する。スティグレールは『技術と時間』第一部を「人間の発明（l'invention de l'homme）」と題しているが、それは人間による（de）技術の発明を意味するだけでなく、同時に技術による人間の（de）発明をも意味する。

ここでようやく本章冒頭の問い、「なぜスティグレールはプロメテウスではなく弟のエピメテウスに注目するのか？」という問いに答えることができる。たとえば石斧を使用することは、人間の心や精神といった内面にある「石斧の使い方」というプログラムをただ反復することではない。石斧を振るうことを通して人間はさまざまなことを学ぶ。ときには失敗することもあるだろう。人間はこの失敗を反省し、斧を振るう角度や力の入れ方といったプログラムを事後的に学ぶ。そして斧の振るい方を十分に習得すると、あたかもはじめからプログラムが自分に内在していたかのように、外在化を通した内在化などなかったかのように錯覚する。技術は忘れられてしまうのだ。そのときになってはじめて、「内側（精神）の優位／外側（技術）の劣位」という階層秩序が成り立つ。

したがって、外在化を通した内在化、代補の論理とは人間と技術のイレギュラーな関わり方などではない。むしろそれこそが「起源」なのだ。内部が外在化によって構成されるこの奇妙な時間性ゆえに、「人間の起源的技術性」を表現したかの神話において、プロメテウスはエピメテウスの過失に遅れて現れたのである。だからこそ『技術と時間1』の副題は「エピメテウスの過失」と題されたのだ。

(26) Derrida 1967, p. 125. 邦訳一七六頁。
(27) TT1, p. 152. 邦訳二〇八頁。
(28) TT1, p. 152. 邦訳二〇八頁。

スティグレールは以上の時間性、言い換えれば人間と技術が共に作られてゆくプロセスを「代補の論理」と呼ぶ。代補とはフランス語でsupplémentと綴ることからわかるように、サプリメント、補足、補遺を意味する言葉である。それはあくまで何かを補うものであり、本来は余計なものである。しかし余計なものであるにもかかわらず、それがなければ補われるものは存在できない。たとえば日記に書くことではじめて自分の気持ちに気づくように、「外在化されるものはその外在化の過程そのものにおいて構成されるのであり、いかなる内部によっても先行されない。代補の論理とはそのようなものである」(29)。

技術とは「自然な」人間にとって余計なものであり、そのため自然人を理想とするルソーなどの思想家からは激しく非難されてきた。「技術を捨てて自然に還ろう」という発想は現代でもよく見られる。しかしスティグレールにとって技術という「外」は人間の「内」そのものを構成するものであるため、人間は代補であるはずの技術から、そして事後的な学びである代補の論理から決して逃れることができない。人間が技術を有することは、動物や世界を支配する特権を有していることではなく、人間にはこの遅れ、エピメテウスの過失がつねについてまわることを意味するのである。

スティグレールの哲学プロジェクトは、この代補の論理がいかに見過ごされてきたかを明らかにし、それによって軽視されてきた技術のポテンシャルを解き放つことを目的のひとつとする。その試みについては次章以降で見ていくことにしたい。

本章のまとめ

人間は、ほかの動物とは異なり、生き延びるための特質を持っていない。弱く脆い人間が生き残るためには技術が不可欠となる。たとえば鋭い爪を持っていない人間が木の実を食べるためには、尖った石を使わなければならない。その使い方は遺伝子に刻まれておらず、「外」を媒介して学ばれる。この記憶が後成系統発生的記憶と呼ばれ、その媒体が技術と呼ばれる。

後成系統発生的記憶は、まず人間の心や精神といった「内」にあり、その後に技術という「外」へ反復されるのではない。「内」は「外」への反復によって作られる。代補の論理とはこのようなものであり、そこで見られる時間性ゆえにスティグレールは技術の考察にあたってエピメテウスの過失を強調する。

しかし技術はやがて忘却される。スティグレールの哲学プロジェクトの重要なポイントは、この技術の忘却が西洋哲学の歴史でも生じていることを指摘し、著名な哲学者たちの理論でも実は技術が重要な役割を担っていることを明らかにすることで、技術のポテンシャルを解き放つことにある。

(29) TT2, p. 11. 邦訳四頁。

第3章　「私」になること

1　時計と「ひと」

二〇世紀最大の哲学者と評されるマルティン・ハイデガー（Martin Heidegger 1889~1976）は、西洋哲学史全体を批判的にとらえかえす存在の問いだけでなく、技術の問いを展開したことでもよく知られている。第二次世界大戦後の講演では、技術を単なる道具や手段ではなく人間も含めたあらゆる存在者を徴発する働きとして提示し、その技術論は後世に大きな影響を与えた。

スティグレールもまた、主著である『技術と時間』のタイトルがハイデガーの『存在と時間』を模していることからもわかるように、ハイデガーから多大な影響を受けた。技術を手段としてとらえる考え方そのものを批判し、目的－手段関係とは異なる技術と人間の関係性について考察すること。前章で見た、技術と人間の別の関係性を模索する試みは、ハイデガーの問題意識を引き継ぐものでもあったのだ。

マルティン・ハイデガー

しかしハイデガーは「言語の技術化による脱自然化」を批判するように、技術が人間を堕落させる、という伝統的な技術観から脱することができなかった。技術と人間の別の関係性の模索は、ハイデガーの存在論を批判的に継承することによってなされなければならない。『存在と時間』に対する『技術と時間』というタイトルには、スティグレールのこうした思いが込められている。

ハイデガーの批判的継承、そのためにスティグレールが焦点を当てるのは一九二四年になされた講演『時間の概念』である。そこでハイデガーは現存在を時間的存在（Zeitlichsein）として描き出そうと試みている。[1] スティグレールが着目するのは、ハイデガーがこの時間的存在を分析するにあたって、現存在それ自体ではなく現存在と時計（Uhr）の関係を取りあげている点である。

ここでは「時計＝数値を示すもの」という先入観を捨てなければならない。そもそも日時計や水時計、砂時計は数値を示すものではない。時計の本質とは数値を示すことではないのだ。それでは時計とは何か、そして時計はなぜ哲学にとって重要なテーマになるのか？

講演の中でハイデガーは、私たちが時計を用いる場面に着目し次のように述べる。

（1） Heidegger 2004, S. 118. ここでハイデガーの「現存在」はさしあたり「人間」と変換しながら読んでほしい。もちろんハイデガーが人間ではなく現存在という語を選択したことには理由がある。詳細は池田 2021 第一章参照。

時計は約束した「その時」を示し、時計を顧慮してひとは次のように言う。今、……のための時間だ、まだ……するための時間ではない、もはや……の時間ではない、と。時計に視線を注ぐことは「今」と言うことであり、そう言うことにおいて適切に時間を使用することができるようになるのだ。(2)

時計とは現存在に時間を示すものであるが、それはただ「何時何分」と示すだけでなく、「今」これこれのことをするべき時間である、「今」これこれのことをするべき時間ではない、というふうに、「今」という時間を軸として、現存在の行動や思考を方向づけるものなのである。(3) 実際に日常生活の中で時計を見るときのことを思い出してみよう。たとえば授業が退屈なとき、待ち合わせに遅れそうなとき、つい夜更かししてしまったときなど、時計を見るときはただ数値を見るだけでなく、そこから次に自分は何をすべきか、状況の中でどのような態度をとるべきかを了解していることがわかる。

つまり、時計の本質とは「何時何分」と数値を示すことではない。そうではなく「今何をすべきか」を指示することなのだ。したがって時計とは哲学にとってきわめて重要なテーマとなる。というのも、遺伝的記憶だけでは生きていけない人間は、自分が何をすべきかを時計という「外」、すなわち技術から汲み取らなければならないからだ。ハイデガーは時計の分析を通して、人間が技術と不可分な存在であることを示してみせたのである。

そしてこの時計を介して了解される「今すべきこと」は、さしあたりたいていは自分自身が発見した独自なものではない。日常生活の中で、私たちはいつも主体的に決断しているわけではない。むしろ円滑に仕事を進めたり、人とコミュニケーションをとったりするためには、何らかの既成事実を前提にしているほうが楽である。そのときの既成事実とは「ひとは～と言っている」「普通ひとは～する」というふうな、社会の常識やなんとなく共有されている規範である。[4] 時計を介して自らの行動や思考を方向づける現存在は、独自な解釈や意見を持つ特異な存在ではなく、平均的で標準的な「ひと（Das Man）」としてさしあたり存在する。

「ひと（Das Man）」とは男（Mann）や人間（Mensch）とは異なり、漠然と「ひと」をあらわす造語である。それは誰でもあって誰でもないような存在であり、だからこそわれわれの日常生活を可能にするものである。たとえば「ひとは～するものだ」という規範は議論や合意形成によって定められたわけではない。ひとつひとつの規範の根拠をいちいち議論していては日常生活はままならない。逆に言うと、われわれの日常生活はこのように「ひとは～するものだ」という規範を問い直さずにそのまま受け取ることで成立するのである。現存在は、さしあたりたいていは「ひと」として暮らしているのだ。

まとめよう。現存在は今何をすべきか／すべきでないかを時計から汲み取る。その「今～すべき」の根拠は、主体的な決断などではなく、「ひとは普通そうするから」といった程度に過ぎない。時計とは

（2） Heidegger 2004, S. 71.
（3） Heidegger 2004, S. 72.
（4） Heidegger 2004, S. 120.

「ひとは〜と言っている」「普通ひとは〜する」という後成系統発生的記憶を保存・伝達する技術なのだ。時計が蝶番となることによって、ルロワ＝グーランの先史人類学とハイデガーの現存在分析とが符号するのである。

この符号はハイデガーの主著『存在と時間』にも見出される。たとえばスティグレールは、以下の文章を『存在と時間』の「最も重要な節の一つ」と見なす。

現存在は、自分がその時々に存在する様式にあって、したがってまた現存在に属する存在了解についても、ある伝承された現存在解釈の中で生まれ、その中で育て上げられる。その現存在解釈のほうから現存在は、さしあたり、また一定の範囲内で絶えず自らを理解しているのだ。そうした理解は、現存在の存在が有する諸可能性を開示する一方、またそれを規制する。現存在自身の過去――それはつねに現存在の「世代（Generation）」の過去を意味する――は、現存在の後に続くのではない。現存在にその都度すでに先立っているのである。(5)

ハイデガー独自の用語が散りばめられていてわかりにくいが、重要なのは、現存在が伝承された解釈の中で生まれて育てられる、という点である。現存在はまず孤立した主観として存在し、その後に解釈を伝承するか否か選択するのではない。好むと好まざるとにかかわらず、生まれ育つことの根本条件に解釈の伝承が埋め込まれているのである。

そしてその解釈は「現存在に対してその都度すでに先立っている」。現存在は他者や物、自己との関わり方をそのつど新たに発明するのではなく、自らがその中で育て上げられた伝統から汲み取ってしまっている。伝統とは遺伝子に刻まれたものではなく後成系統発生的記憶であり、先行する世代から技術を介して受け継がれたものだ。したがって現存在とはかつてあったものを継承する存在、遺産相続する存在だと定義される。

問題は、ハイデガーにおいては現存在と技術との関係が、固有性を喪失し「ひと」と化すプロセスとしてのみ描かれている点である。本章冒頭で述べたように、ハイデガーは結局、技術を堕落と結びつけてしまったのだ。スティグレールは技術と人間を対立ではなく共立関係ととらえる視点からハイデガーを批判し、技術のポテンシャルを「ひと」のみならず現存在の固有な可能性を開くこと、「私」への個体化にも見出そうと試みる。

2 個体化とファルマコン

現存在が遺産相続する存在であること、それは時計のような技術と不可分な存在であることを意味する。技術は常識や規範の反復を支え、伝達を可能にする。しかしそれだけではない。「ハイデガーには

（5） Heidegger 2001, S. 20. TT1, p. 247. 邦訳三五八頁。

二種類の反復がある」[6]。「ひと」になるのではないもうひとつの反復、それは他の誰とも代えることができない特異な「私」になること、「個体化（Individuationis）」である。[7] 以下ではこの個体化のプロセスについて見ていこう。

繰り返しになるが、現存在はつねに「私」として存在するのではなく、日常的には「ひとは〜する」「普通は〜する」という規範に従い、「ひと」という平均的で標準的な存在として暮らしている。しかしプロメテウスの神話で語られたように、人間は生きている限りつねに特質を欠いている。「ひと」が言う常識や規範で欠失を埋め合わせたとしても、それはあくまで埋め合わせでしかないのだ。このことは現存在のあり方、「ひと」には完全に同一化せず、いまだ「私」ではないというあり方を示している。[8]「私」になること、すなわち個体化のプロセスを、ハイデガーは「自己を固有な自己自身へと連れ戻すことを現存在に理解させる」と描写する。[9] ここで「連れ戻す」と表現されるように、「私」の固有性とはなんでもありの宙に浮いた可能性ではなく、固有な背景と過去を背負った「被投的可能性」である。[10] たとえばこれまでまったく本を読んでこなかった、あるいはまったく運動をしてこなかったという事実から逃れることはできず、それは「私」の可能性に重くのしかかる。

しかし同時に、これまで「私」が経験してきたさまざまな出来事やそれらの記憶が、思いもよらない可能性を開かせることもありうる。したがって最も固有な可能性を開くことは、すでに存在していることへと回帰することだと言われる。[11] それは、すでに存在していたにもかかわらず「ひと」として生きるなかで忘却されていた「私」の可能性を想起することを意味する。個体化とは想起なのだ。そして忘れていたものを思い出すというこの事後性の構造は、まさにエピメテウスの過失の時間性をなぞるものとして理解できる。

そうすると、エピメテウスの過失が技術を介して明らかになったように、個体化もまた技術を必要とするのではないか。「私」の固有な可能性が遺伝的記憶ではなく後成系統発生的記憶なのであれば、想起もまた技術によって支えられるのではないか。実際、ハイデガーは『存在と時間』においてそれ自体が過去の記憶を保持する歴史的なモノについて言及している。

歴史的な世界‐内‐存在の実存とともに、手許存在と手前存在が、そのつどすでに世界の歴史の内に引き入れられているのである。道具と製品、たとえば書物には書物なりの「命運（Schicksal）」があり、建造物や制度もその歴史を有している。（…）これらの世界内部的存在者を、世界‐歴史的なもの（Welt-Geschichtliche）と呼ぶことにしよう。[12]

（6） TT1, p. 260. 邦訳三七八頁。
（7） Heidegger 2004, S. 124.
（8） Heidegger 2001, S. 236.
（9） Heidegger 2001, S. 286f.
（10） Heidegger 2001, S. 144. 池田 2021：一一一―一一二頁。
（11） Heidegger 2001, S. 325f.
（12） Heidegger 2001, S. 388f.

ここにおいて技術の存在論的射程が開かれようとしているように見えるがそうではない。続く文章でハイデガーは、「第一次的に歴史的に存在しているのは現存在である。第二次的に歴史的に存在するのは他方、世界内部的に出会われるものである」[13]としたうえで、世界－歴史的なものについての分析を放棄してしまうのである。スティグレールはこの放棄を決定的なものと見なす。なぜならハイデガーはこの記憶の織物、反復をささえる技術を、結局は「ひと」への頽落の媒体だと見なし個体化から排除するからである。この手つきはまさに精神と技術、知性と技術を対立させたうえで前者を優位に置く形而上学的図式の導入に他ならない[14]。

他方、スティグレールにとって技術とは「ひと」への頽落と同時に、「私」固有の可能性を開く個体化を支えるものでもあった。個体化とは、誰かの放った言葉、お気に入りの小説、自分が書いた文章やそれを支える紙といった技術に支えられている。忘却されていた「私」の可能性のありかは、精神や脳などではなく、外在化による内在化、代補の論理のうちに見出されるのである。

したがって、技術とは毒にも薬にもなる両義的な存在、「ファルマコン」だと言えよう。ファルマコンとは一方では薬、医薬、治療薬、他方では毒、毒薬といった、相反する意味を持つギリシャ語である。たとえばスティグレールの師であるデリダは、プラトンの『ファイドロス』の中に文字というファルマコンを見てとる。『ファイドロス』において文字は、人々の記憶と知恵を高める秘訣であると同時に、人々の間に忘却と知恵の堕落を導き入れる有害なものだと語られる。文字とは記憶を高める薬であると同時に、忘却をもたらす毒でもあるのだ(15)。

技術とは「ひと」への頽落をうながすと同時に「私」への個体化も支えるもの、まさにファルマコンである。技術についての思索はこのファルマコンについての思索、ファルマコロジーでなければならない。

3　心的かつ集合的個体化

これまで個体化の議論を見てきたが、実はハイデガーが「個体化」という言葉を使用する機会はあまり多くない。それにもかかわらずスティグレールがハイデガーの議論をつらぬくモチーフとして個体化を採用したのは、その存在論をフランスの哲学者ジルベール・シモンドン（Gilbert Simondon 1924〜1989）

（13）　Heidegger 2001, S. 381.

（14）　「ひと」になるためには外在化された記憶だけでなく、記憶の伝達、あるいはその学習といった営みが必要不可欠である。したがって「記憶の外在化」と「外在化された記憶の伝達」は区別されなければならない。しかしハイデガーは現存在が「ひと」になるプロセスをほとんど（強いてあげるとすれば第二七節でしか）記述していない。『存在と時間』において、現存在はすでに「ひと」、言うなれば「常識をわきまえたいい大人」なのである。

（15）　二〇一三年に刊行された『国民戦線のファルマコロジー』では、ファルマコロジーの新しい課題として「生贄（ファルマコス）」の分析が前景化している。苦しみの原因がわからないとき、私たちは往々にして本当の原因ではない誰かをスケープゴートとして指弾する。この病理の解明と処方を示すのが第三のファルマコロジーである（スティグレール 2014：一二六頁）。

の個体化論と接続するためである。

準安定的な平衡状態

シモンドンは技術の哲学や個体化の理論を提唱したことで知られている。[16] その個体化論は従来の個体化論を根本的に批判しつくり変えることを企図したものである。たとえばシモンドンは、従来の議論が安定した平衡状態を暗黙の前提にしている点を批判する。[17] 安定した平衡状態とはあらゆるポテンシャルが汲み尽くされ、もはや何の変化も起こらない個体同士が並んでいる状態である。すでに個体化が完了したものがお互いに干渉せず安らっている。これでは個体化は起こらない。

シモンドンはこの安定した平衡状態を、個体化の途上にある者同士が緊張関係をむすぶ、準安定的（métastable）な平衡状態に置きかえる。[18] 各個体は個体化が完了して安らっているのではなく、またそれぞれが調和して大きな個体を形成しているのでもない。個体はつねに個体化のプロセスの途上にあり、そのため環境や他の個体とずれを伴いながら関係している。準安定的な平衡状態とは、このようにつねに新たな個体が生成しつつある状態なのである。

ハイデガーの議論にひきつけると、準安定的な平衡状態とは、現存在が「ひと」として日常生活を送っている様子だと解釈できる。「ひと」として常識や規範に従っているかぎり、他者と円滑にコミュニケーションをとることができる。しかし現存在は「ひと」に完全に同一化することはない。「ひと」になりきれない欠如を抱えた現存在同士の関係は、一見すると「ひと」として調和がとれているが、解像度を上げて見てみるとずれが生じており、緊張状態にある。これが「準安定的な平衡状態」である。

個体横断的なもの

個体化は、「私」への個体化だけでなく、たとえば「フランス人」のような集団性の位相でも生じる。シモンドンは集団性を「個体横断的なもの（le transindividual）」から考えた[19]。「個体横断的なもの」あるいは「個体横断性（transindividualité）」という概念は、その活用や応用という点で、シモンドンの提示した概念で最も成功を収めたものだと言われる[20]。というのもそれは技術を介した人間同士の関係についての視点を提示しているからだ。

個体横断的なものとはその名の通り個体を横断するもの、たとえばある個体が死んだあとにも残り、他の個体に受け渡されるものである。つまり個体横断的なものとは後成系統発生的記憶とそれを支える

（16）スティグレールはシモンドンから大きな影響を受けているが、宇佐見が指摘するように両者のあいだには越えがたい隔たりがあるため、厳密に言うとスティグレールの個体化論はシモンドン研究とは言い難い部分がある（宇佐美 2021：二三九―二四〇頁）。したがって以下はシモンドンの個体化論というよりも、スティグレールが解釈するかぎりでのシモンドンの個体化論だということを念頭において議論を進めていきたい。
（17）Simondon 1964, p. 24.
（18）Simondon 1964, p. 29.
（19）Stiegler 1998, p. 251.
（20）宇佐美 2021：二二八頁。

技術を意味する。[21] たとえばフランス語やフランスの歴史を個人から個人へ、世代から世代へと伝承することによって「フランス人」という集団性が形成される。スティグレールが「わたしはドイツ人の両親から生まれたが、しかし私はフランス人である」と言うことができるのは、スティグレールが遺伝的記憶だけでなく、フランス語やフランスの歴史、地理という後成系統発生的記憶を継承するからに他ならない。

しかし「私」を「われわれ」に還元することはできない。「私」の個体化はつねに未完成で緊張状態にあり、その緊張は終わり——ハイデガーの言葉を借りると死——に到達しないかぎり維持される。[22] 人間は死ぬまで個体化の途上にあるのだ。したがって「私」と「われわれ」は決して一体化することなく、つねに準安定的な平衡状態にある。すなわち、そこにはつねに新たな個体化へのポテンシャルが存在している。

そして個体横断的なものは、「私」を「われわれ」に取りこむだけでなく、「われわれ」自身を新たに形成するプロセスを担うものでもある。たとえば公民権運動のような、アメリカ人という「われわれ」をアップデートした異議申し立ては、当時支配的であった社会的諸制度を外部から批判するのではなく、すでに文化の内部で広く共有されている道徳的観念を巧みに利用したものだった。ジョセフ・ヒースが指摘するように、反体制的活動家が道徳的に辛らつであると感じられるならば、それは彼らが共同体のなかで共有されている諸原理と異なる諸原理を信じているからではない。反対に、彼らは同じ諸原理をよりまじめに受け取り、整合的で完全な仕方で適用しているのである。[23] つまり、活動家たちは共有されている諸原理＝個体横断的なものに徹底的に内在したからこそ「われわれ」を大きく動揺させる特異な異議申し立てをすることができたのであり、同時に「われわれ」の広範な支持を獲得することができたのである。その結果、「アメリカ人」という「われわれ」はバラバラに離散するリスクを負いながらも、新たな「われわれ」へとアップデートされた。

「私」とは「われわれ」に完全に一体化するのではなく、そこにはつねに緊張関係、準安定的な平衡状態が存在する。ふだん「私」は「われわれ」のルールに従い他者ともコミュニケーションをとるが、しかしそこで「私」の特異性が消えるわけではない。「私」への個体化の可能性はつねに潜んでおり、ときにそれは「われわれ」をアップデートするような出来事をもたらすこともある。このような「私」と「われわれ」の個体化は「心的かつ集合的個体化（Individuation psychique et collective）」と呼ばれる。

このように、「われわれ」とは複数の特異な「私」がずれを抱えながら関係することによって構成される。仮に「私」の特異性が失われ、すべてが一様に均された場合、「われわれ」は消滅し「みんな（on）」になる。そのとき、リシャール・デュルンが体験したような、もはや「私」を感じることのできない地獄がおとずれる。この地獄を回避するためのカギとなるのが技術である。

（21） ASN, p. 80. 邦訳一三七頁。
（22） Stiegler 1998, p. 245.
（23） ヒース 2013：四八〇頁。

前個体的な位相

これまで扱ってきた「私」や「われわれ」の個体化のポテンシャルは「前個体的な位相」に由来すると言われる。前個体的な位相とは、個体化を促しつつも決して個体に汲み尽くされることのないものであり、個体間の緊張関係を維持するポテンシャルを有するものである。スティグレールはこの前個体的な位相は過去を保存するものだと考える。つまり前個体的な位相とは後成系統発生的な記憶の媒体、技術である。

たとえばスティグレールは、聖書を「絶対的な過去」と呼ぶ。なぜなら聖書はつねに新しい解釈に開かれており、権利上、そのポテンシャルは決して汲み尽くされることはないからだ。そのため、聖書の解釈を共有する「われわれ」は、自らを支える聖書によってつねに脅かされている。「私」が新たな聖書の解釈を提示し、「われわれ」に新たな争いを持ち込む可能性は十分にありうる。そのとき、ポテンシャルは「私」と聖書の双方に見出される。

しかしシモンドンの議論では前個体的な位相における技術の働きが無視されている[24]。スティグレールは技術が個体化のプロセスに果たす役割を看過したとしてシモンドンを批判する。技術的な対象が個体化のプロセスにどのような役割を果たすのか、またはそれがどのような位置にあるのか、シモンドンはほとんど言及していないのだ[25]。

シモンドンは、ポテンシャルを顕在化させるためには人間の知性や「予期（anticipation）という発明的機能」が不可欠だと述べた[26]。この先を見通す知性はまさにプロメテウスが人間に授けたものだ。だが前章で述べたように、この能力は弟であるエピメテウスの過失のあとに授けられた。ポテンシャルの顕在化とは人間が予期して計画するものではなく予期しえない出来事なのであり、予期や計画はこの出来事の反省を通して可能となる。エピメテウスの過失に遅れてプロメテウスがやってくるのだ。個体化とは技術という代補を必要とするため、「私」や「われわれ」の個体化は予期せぬ出来事となる。「私」が誰なのか、どんな可能性を秘めているのか、それは外在化によってはじめて＝あらためて明らかになるのである。この出来事としての個体化について、次章で詳しく検討することにしたい。

本章のまとめ

ハイデガーは、技術が記憶を伝達する媒体であることに気づいていた。しかし、現存在と技術の関係は、常識や規範に従う「ひと」になるプロセスへと切り詰められてしまった。技術は「ひと」だけでなく、ほかの誰とも異なる「私」になること、すなわち個体化も支える。個体化はこれまでの自分から切り離されるのではなく、むしろこれまでの経験や記憶が再編成されることによって生じる。「私」だけでなく「われわれ」という集団の次元でも個体化は発生し、それは「民族」のような他の集団とは異なる文化によって特徴づけられる。スティグレールは匿名的で平均的な「ひと」になるプロセスと、ほか

(24) Stiegler 1998, p. 249.
(25) Stiegler 1998, p. 242.
(26) Simondon 1958, p. 56.

の誰とも異なる「私」になるプロセスの双方に技術がかかわっていることから、技術とは毒にも薬にもなるファルマコンだと述べる。

「私」とはつねにすでに他者と同じ法や規範に従っており、その意味で「われわれ」に組み込まれている。しかしほかの誰とも異なる「私」へと個体化することによって、「われわれ」もまた新たな「われわれ」へとアップデートされる。このように「私」と「われわれ」は対立せず、かつどちらかに吸収されることもない緊張関係、シモンドンのいう準安定的な平衡状態にある。この関係性を支えるのがスティグレールにとって技術なのである。

「われわれ」と「私」の緊張関係が維持されず、「私」の特異性が失われるとき、「われわれ」は「みんな」になる。それはきわめてエントロピーの高い状態だ。したがって、文化的多様性を保護するネガントロポセンのプロジェクトは、「われわれ」だけでなく「私」の個体化を支えるものでなければならない。

第4章　チューリング・マシンと意識の有限性

1　チューリング・マシンの無限の記憶

コンピューターの元祖、チューリング・マシン

現代のコンピューターの基礎理論は、アラン・チューリングのチューリング・マシンから生まれた。

チューリングはヒルベルトの決定問題を解くにあたって、訓練された計算者（Computer）のふるまいを観察し、それをマシンに落とし込むことでコンピューターの礎を築いた。

チューリングが取り組んだ決定問題とは、数学者ダフィット・ヒルベルトが二〇世紀の数学者が解決すべきだと提起した「23題の未解決問題」のひとつである。その問題とは、大まかに言うと「計算できる

アラン・チューリング

かできないかをチェックする機械的な手順（アルゴリズム）は存在するか」というものであった。

この問題に取り組むにあたって、チューリングは「計算できるとはどういうことか」と問う。人間が計算するとき、紙と鉛筆を使って途中の計算結果を書き込みながら最終的な答えを出す。たとえば(10＋2)×3という計算の場合——

① 10と紙に書く
② ①で書いた数字に2を足す（紙には＋2をつけくわえて「10＋2＝12」と書く）
③ ②の結果に3をかける（紙には「×3」をつけくわえて「12×3＝36」と書く）
④ 終わり

この計算の過程では、数を足したりかけたりするたびに紙に書かれることが増えていく。このような人間の計算過程を模倣できる仕組みとして考案されたのがチューリング・マシンである[1]（図6）。

人間が使う計算用紙にあたるのは、チューリング・マシンではテープである。何らかの入力があった場合、マシンはあらかじめ備えられてい

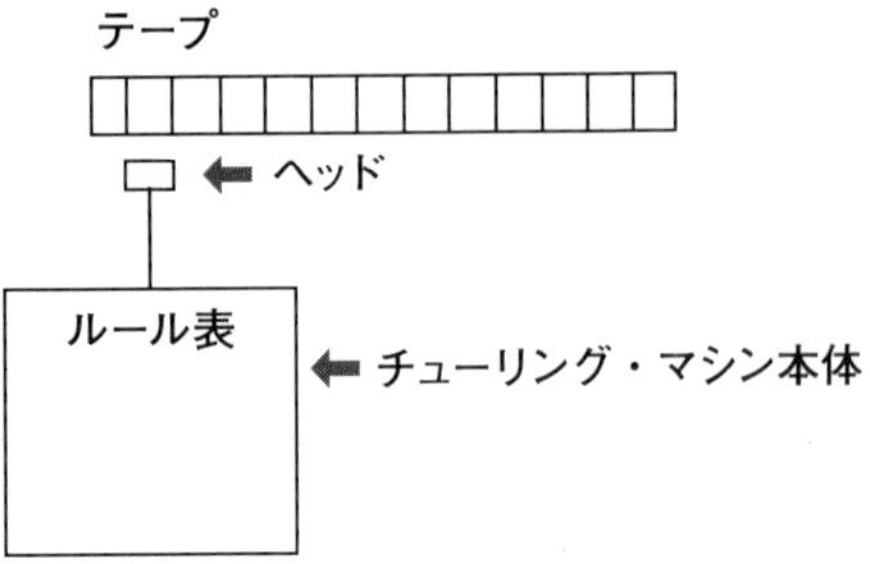

図6　チューリング・マシン

るルール表に従って出力する。ルール表には、たとえば「マス目の記号が0ならば、そのマス目には1を書きこみ、そのあとにヘッドを右へ移動」と書かれている。[2] ヘッドがマス目の値を読み書きし、ヘッドを一マス分右か左に動かして、その後指定された状態に移る。そして最終状態としてプログラムされた状態にたどりついた時点で止まる。チューリング・マシンとは、「ある状態が外からの刺激によって変化して、状態が変わること」という計算を、繰り返している機械なのである。[3]

このように、チューリングは「計算できる」ということは「アルゴリズムで書き表せること」、すなわち「チューリング・マシンで記述できること」だと定義した。もう少し具体的に言うと、計算できるとは問題を有限の手段で表すことができること、計算する手順（アルゴリズム）を有限個の計算プロセスで書き表すことができることを指す。チューリングは「計算できること」を定義することで、ヒルベルトの決定問題の否定的解決をこころみた。「計算できるかできないかをチェックする機械的な手順（アルゴリズム）は存在するか」という問いに対し、チューリングは「存在しない」という答えを導いたのである。[4]

ヒルベルトの決定問題については、チューリングとほぼ同時期にアロンゾ・チャーチも同じ否定的結

（1） 高岡 2014：七四—七五頁。図6も同所より転載。
（2） もちろんルール表は文章で書かれてはおらず、0、P1、Rのように表記されている。
（3） 高岡 2014：八二頁。
（4） チューリングがいかに決定問題を解いたか、という点は本章の内容と関係がないので詳細は割愛する。

果に到達している。本書がチューリングをとりあげたのは、この証明のためにチューリング・マシンという仮想機械が考案されたからである。一九三六年夏に「計算可能な数について、その決定問題への応用」という論文を書き上げたとき、チューリングはコンピューターなど念頭に置いていなかった。ただヒルベルトの決定問題を解決するためにチューリング・マシンという理論的な計算モデルを考案しただけだ。しかしそれは有限の手順で書き表すことができる機械の源となった。電卓やビデオゲームだけでなく、プログラム言語でアルゴリズムを書き表したすべてのソフトウェアの元祖がチューリング・マシンなのである。

そして計算不能な存在を示すためのチューリング・マシンは、コンピューターの万能性を保証する数学的原理となった。ゲーム、スクリーンセイバー、ブラウザといった単体のソフトウェアの実行をすべてカバーできる万能チューリング・マシンが、現在のコンピューターの基礎を築いたのだ。

しかしスティグレールは、計算者（Computer）とチューリング・マシンを同一視しないように注意を促す。一部の認知科学は、コンピューターをモデルに人間の認知を解き明かそうとしているが、そもそも人間の計算はコンピューターとは異なる活動なのである。

チューリング・マシンの無限のテープ

チューリングは計算において身体や環境が果たす役割をいったん捨象することで、純粋な計算を理論的に抽出することに成功した。(5) しかし人間が規則に従って記号操作を行うためには膨大な準備が必要である。たとえば森田は、人間の指（digit）が、数（digit）の認知にとって有効なデバイスであると指摘している。[6]手はそもそも、数を数えるときのように指を一本ずつ正確に折り曲げる動作のために進化したのではない。人が指を使って数えるときには、指を本来の仕様とは異なるかたちでいわば「ハック」しながら使っているのだ。数と計算にある程度習熟し指を使わなくなると、われわれはそれを忘れてしまい、あたかも自分の頭のなかだけで計算しているように錯覚してしまう。

記号操作を補助するのは指だけではない。たとえば78×43を計算するとき、たいていの人は脳だけでなく紙と鉛筆、それらを扱う身体、記数法や筆算のアルゴリズムを必要とするだろう。計算という作業は脳だけで完結するものではない。「与えられた記号をただ操作するだけが計算なのではなく、記号を記号として成立させる文脈の構築に、人類は何千年にもわたる努力を積み重ねてきたのだ。この意味で、計算は決して「頭のなか」に閉じる試みではなかった[7]」。

他方、チューリング・マシンにおいて計算の結果を記録するのはテープであるが、チューリングはこのテープには限界がないと想定している。[8]チューリングのモデルのなかで、計算者の周囲の環境は無際

（5）ただし森田が指摘するように、チューリングは身体性の問題に無関心ではなかった。人間に匹敵するような知的機械を作るために、チューリングは、予算の許す範囲で最大限高性能の感覚器官を機械に搭載したうえで、あたかも子どもを教育するようにして教えるやり方も試みられるべきだ、と述べていた（森田 2015：一〇八頁）。

（6）森田 2021：一三頁。

（7）森田 2021：一四六頁。

（8）チューリングは論文の中で、機械のふるまいに多くの規約を課している。たとえばテープ上のマス目はE－マ

限に伸びた一枚のテープに単純化されるのである。指や鉛筆、紙、記数法などは計算のモデル化にあたって省略される。これはまさに、『メノン』における召使の想起から図や地面が果たす役割を引き離す、形而上学的身振りの反復だ。

スティグレールが注目するのは、チューリングが知識、とくにあらゆる認知活動が前提とする記憶の本質的な技術性を退けた点である。(9) さきほども述べたように、チューリング・マシンは与えられた規則書に従って計算するために無限のテープを使えるという設定である。しかしチューリング・マシンにとってテープや規則書は補助でしかなく、まったくなしですませられる。実際チューリングは「人間計算機は頭の中で計算するのであり、［規則書は］便利なフィクションでしかない。実際には、本物の人間計算機はすべきことを記憶している」と述べている。(10) つまり、チューリングにとって記憶は起源的には補助されていないのだ。計算者（コンピューター）の記憶は無限なのであり、指や紙は余計なものでしかない。

しかし実際に私たちは忘れてしまう。忘れてしまうからこそ思い出すことができる。それはエピメテウスの過失のたまものだ。チューリング・マシンにはこの意識の有限性が反映されていない。スティグレールは同様の問題をフッサールの時間意識論に見出し、そこに技術を組み込むことによって忘却と想起のダイナミズムを描き出す。

2 第一次過去把持と第二次過去把持

オーストリアの哲学者・数学者であるエドムント・フッサール（Edmund Husserl 1859~1938）は、あらゆる先入観を取り払い、あるがままの意識を分析しようと試みた。そのアプローチは現象学と言われる。たとえば、世界のなかに客観的に存在するスミレの花というモノを、主観である私が認識する、という構図をフッサールはしりぞける。(11) スミレは光によって色を変え、風によってそのシルエットを変える。流れ続ける時間のなかで、スミレの花の現れ方は目まぐるしく変わり続けているはずだ。この移ろいゆく体験の流れそのものが意識なのだ。意識とは持続的な流れであり、体験とはその流れのなかに現れるものとして考えられなければならない。(12)

ス目とF－マス目の二種類に分けられ、E－マス目は計算のためのメモリに、F－マス目は0と1の記入に使用される（チューリング 2014：二一一頁）。このテープは右方向へ無限の長さを持っており、1マスごとにF－マスかE－マスに分類される。

（9） TT2, p. 190. 邦訳二六〇頁。

（10） TT2, p. 191. 邦訳二六一頁。ただし、ここでスティグレールが参照する論文は「計算可能な数について、その決定問題への応用」ではなく「計算する機械と知性」である。

（11） 以下のスミレの例は下西 2022 の第三章から借用した。

（12） 体験を現象学的に分析することによって「現出」（何かが現れること）と「現出するもの」（現れるもの）を区別することが可能になる。「現出それ自身が現出せず、それらは体験されるのである」（Husserl 1984, S. 350）。たとえば対象となる事物が実在しない場合、その対象の知覚は幻覚や錯覚であったと判断されるが、その体験そのものは対象の実在の有無にかかわらず生起したと言うことができる。

エドムント・フッサール

この意識の流れの分析にうってつけなのが、メロディーを聞く体験である。なぜならメロディーとはそれ自体が流れだからだ。フッサールは次のように問う。ド・ミ・ソのような流れをひとまとまりのメロディーとして聴くことができるのはなぜか。メロディーを流れとして聞くことができるのは、意識それ自体が流れだからではないか。

第一次過去把持

「ド・ミ・ソ」という音の連なりが、ぶつ切りの音ではなくメロディーというひとまとまりの流れとして体験されるのは、意識に現れたドの音がただちに消え去るのではなく「今」の中に保持されることによって、それが現在聞かれつつあるミの音につながるからである(13)。メロディーを聴く体験からわかることは、意識の流れにおいて、対象はつねに今しがたあった姿の延長線上にある余韻をたたえた姿として現れる、ということだ(14)。

フッサールは、過去になりつつある体験を「今」につなぎとめる意識の働きを「過去把持（Retention）」と呼ぶ。過去把持によって意識の「今」は点（ミ）ではなく一定の広がり（ド・ミ・ソ）を有することとなる。音の連なりをメロディーとして聞くことができるのは、過去把持という意識の働きが「今」を一定の広がりとして確保しているからなのだ。そしてそのなかには、ド・ミ・ソというメロディーの聴取で言うと「ド」を聴いた瞬間のような、体験の源泉点が存在するとフッサールは主張する(15)。

ここで泉（Quell）と表現されていることからわかるように、源泉点とは絶えず過去へと流れ続けるものである。源泉点であるドは流れて過去になり、それが新たな印象であるミに連なる。「音の今の意識、起源的印象が過去把持へ移行するにしても、この過去把持それ自身がこれまたひとつの今である」[16]。

スティグレールはこのように「今」という広がりを構成する過去把持を第一次過去把持（rétention primaire）と呼び次のようにまとめる。「「私」とは第一次過去把持の時間的流れからなる意識であり、第一次過去把持とは、意識を成り立たせる流れの今の中に意識が保つもののことである」[17]。私の現在の意識は、「点」として存在するのではなく流れとして、それも過去を把持する一定の広がりを持ったものとして理解されなければならない。たとえば私が音楽を聴いたり、小説を読んだりして感動する「今」は、意識が瞬間だけでなく過去をある程度記憶するために可能となるのだ。

この第一次過去把持は心理学でワーキングメモリと呼ばれるものに該当する[18]。ワーキングメモリとは作業に必要な情報を一時的に保存し処理する能力のことである。たとえば意識が2×4＋8という暗算を

（13）Husserl 1966, S. 24.
（14）下西 2022：一六三頁。
（15）Husserl 1966, S. 29.
（16）Ebd.
（17）MS1, p. 107. 邦訳一二八頁。
（18）Stiegler 2015b, pp. 8–9.

行うことができるのは、作業に必要な情報を一時的に記憶しておくことができるからだ。直近の印象や思考を一時的に記憶するこれらの働きによって、メロディーの聴取や暗算ができるようになるのである。

第二次過去把持

しかし意識において過去を記憶するのは第一次過去把持だけでない。フッサールは上述の過去把持から区別される第二次記憶という概念を導入する。第二次記憶とは第一次過去把持とは異なり、「今」からは切り離された過去を記憶することを指す。たとえば最近コンサートで聴いたメロディーを覚えていることは、「今」聞いているメロディーを記憶する第一次過去把持ではなく、第二次記憶の働きによって可能となる[19]。この記憶の働きをスティグレールは第二次過去把持（rétention secondaire）と名付ける[20]。

この第二次過去把持はわれわれが「思い出」と呼ぶような個人的な記憶として蓄積されていく記憶であり、心理学で長期記憶と呼ばれるものに該当する。ワーキングメモリが数秒しか維持されない一方で、長期記憶の持続期間は数日、数年、ときには全生涯におよぶ。したがって、ワーキングメモリは計算をするときに書き留めるメモ帳に、長期記憶は印象や出来事を蓄えておく倉庫に例えられる。

以上のように、フッサールは過去を記憶するふたつの働きを見出し、スティグレールはそれぞれを第一次過去把持、第二次過去把持と名付けた。音の連なりをひとまとまりのメロディーとして聞くことが可能であるように、意識とは過ぎ去ったばかりのものを「今」において保持するのであり（第一次過去把持）、その働きと、「今」からは切り離された過去の想起を可能にする働き（第二次過去把持）は区別される。しかしフッサールは両者を区別するだけでなく対立させてしまうのであり、この点においてスティグレールはフッサールから袂を分かつ。それでは二つの過去把持を対立させることの何が問題なのだろうか。

3　過去把持の円環構造と有限性

フッサールの分析ではド・ミ・ソというメロディーの「ド」を聴いた瞬間のような、体験の源泉点が存在していた。その源泉点はやがて過去へと流れるが、それを第一次過去把持が保持することによって広がりを有した「今」という単位が構成されるのであった。そしてこの「今」と切り離された過去は、第二次過去把持によって保存される。

以上の議論に対しスティグレールは次のように批判する。

> しかし、ある瞬間に現前化する音はすでに、たった今過ぎ去ったすべての音の第一次想起における再読み取りであり、それゆえ、過ぎ去った音の変様である。その結果、その変様が逆に、起源的印象として今聞かれている音の過ぎ去りに反-作用するという力動的観点から、時間対象のあらゆる問いを

（19）Husserl 1966, S. 35.
（20）TT2, p. 232. 邦訳三二六頁。

とらえなおすことが必要になる。そうすると、起源的印象が「起源的」なものとして構成されるのは、円環として、すでに構成されたもの、第一次的に把持され、それ自体が永続的に変様する印象の起源的なものの事後性（aprés-coup）からでしかなくなるだろう。[21]

スティグレールの批判のポイントはこうだ。フッサールは第二次過去把持の働きを分析するとき、体験が蓄積されていくという側面（現在→過去）にしか取り組まず、この蓄積が「今」にもたらす影響（過去→現在）には注目しない。[22]「今」とは、現在が過去に流れるだけでなく、過去が現在に働きかける円環のなかで構成されるのである（図7）。

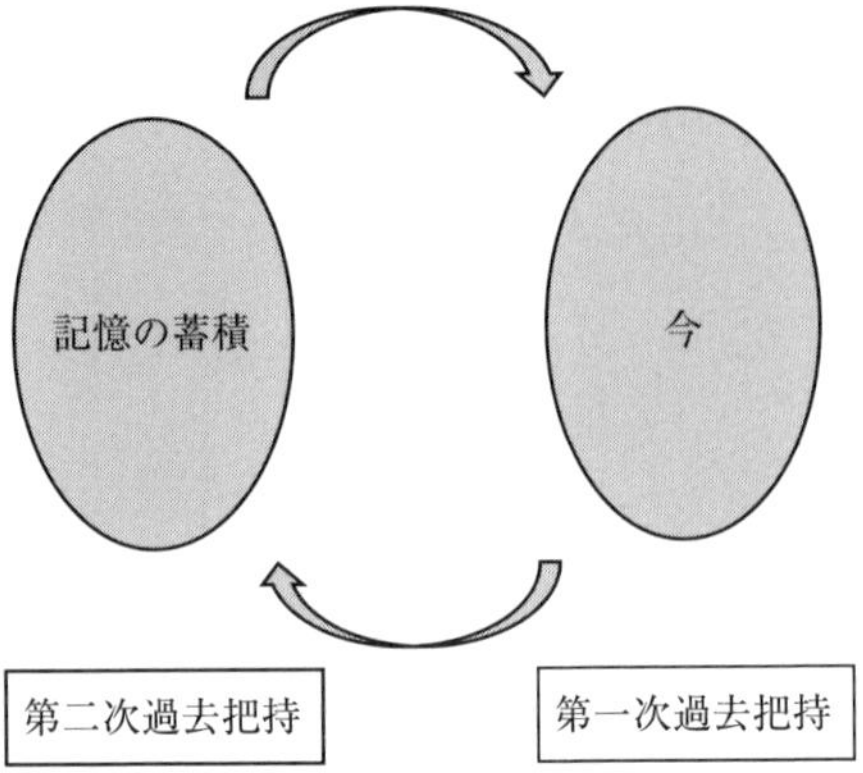

図7　第一次過去把持と第二次過去把持の循環

したがって第二次過去把持は第一次過去把持から区別されるもののそこから切り離されてはならない。なぜならそれは、記憶にもとづいて第一次過去把持を選別する「フィルター」として作用するからだ。意識の時間性とは、起源としての泉から湧き出る流れ、現在から過去への一方向的な流れではなく、現在と過去が相互作用する円環、「渦まく流れ」「渦巻のようなスパイラル」なのである。[23]

そして第二次過去把持がフィルターであることは、それが過去だけでなく未来にもかかわっていることを意味する。フィルターはつねにすでに作動しており、そのため意識の「今」はあらかじめ選別されている。たとえばなじみの曲を聴くとき、次にどのようなメロディーや歌詞が来るのか、はっきりと意識していなくてもあらかじめ予想している。この「あらかじめ」という時間性は、これから来るだろう未来を予想する働きであり、未来予持（protention）と呼ばれる。第二次過去把持は過去を記憶するだけでなく未来を予想すること、期待することも担う[24]。意識の「今」という広がりは現在と過去だけでなく、これから来る体験を予想するために未来をも含むものなのである。

以上のように「今」への反作用をとらえ損なうことで、フッサールの分析からは「忘却」という過去把持の有限性が排除されてしまう[25]。もちろん哲学的な話をせずとも記憶が有限であることは誰もが知っている。われわれは起こったことすべてを記憶することはできない。しかしここで言う「過去把持の有限性」とは、「まず記憶されたもの」が「後に忘却されること」を意味するのではない。それは第二次過去把持によってつねにすでに第一次過去把持の選別が、「今」に何を保持し／保持しないかという取

---

(21) TT2, p. 234. 邦訳三二九頁。傍点筆者。
(22) TT2, p. 238. 邦訳三三五頁。
(23) TT2, p. 243. 邦訳三四三頁。
(24) MS1, p. 132. 邦訳一五三頁。
(25) TT2, p. 252. 邦訳三五六頁。

捨選択が行われることによって生じる忘却なのである。意識は体験の現在のただ中でつねにすでに忘却しているのだ。

話が抽象的になってきたので具体例を挙げよう。たとえば、もしあらゆる過去把持において忘却が生じていないのだとすれば「CDに記録された音楽を聴く」という体験は何度繰り返しても同じ印象を与えるだろう。(26) もちろんそうはならない。なぜなら音楽を聴くという「今」には、記憶の蓄積である第二次過去把持がフィルターとして作用しているからだ。記録されている音楽そのものはまったく変化していないにもかかわらず、はじめに聴いたときとは異なる印象を抱いたり、前に聴いたときには聴こえなかった音が聴こえたりする。さまざまな経験を経ることでフィルターの選別機能が変化したため、以前聴いたときにフィルターが排除していたものを感じ取ることができたのである。そのとき聴取されたものはCDに記録されたものであり新たに付け加えられたものではない。あらかじめ存在していたが、聞き逃していただけなのだ。

したがって、忘却しないことは、同じ対象と繰り返し接しても同じ印象しか抱かないということである。そこにはこれまでの経験にもとづいて独自の解釈をしたり、特異な感じ方をしたりするような、「私」の固有性が存在しない。たとえば複数人で同じ曲を聴いたとしてもそれぞれの記憶の蓄積＝第二次過去把持は異なるため、抱く印象や感想は違ってくる。ギターを練習しているからギターの鳴る音に注意するひと、歌うことが好きだからボーカルの歌い方に注意するひと、その曲にまつわる思い出を浮かべながら聴くひとなど、さまざまである。その体験はそれぞれの「私」だけのものだ。

以上のように円環構造をなす過去把持（rétention）の議論は注意、すなわちアテンション（attention）の考察につながっていく。このアテンションは技術によって代補されているのだが、それこそが無限の記憶を持つチューリング・マシンに欠けていたものだ。次章で確認しよう。

本章のまとめ

まとめに代えて、これまでの過去把持の議論を表にまとめる。

第一次過去把持	体験の「今」の中で行われている記憶。この記憶のおかげで、意識は音の連なりをメロディーとして把握したり、暗算したりすることができる。心理学ではワーキングメモリと呼ばれる。
第二次過去把持	個人の記憶の蓄積であり第一次過去把持のフィルター。心理学では長期記憶とも言い換えられる。第一次過去把持にはつねにこのフィルターが働いているため、意識は忘却を完全には克服できない。また未来予示の働きも有している。この第二次過去把持はそれぞれの「私」によって異なるため、「私」の固有性の源でもある。

（26） TT2, p. 257. 邦訳三六三頁。

第5章　アテンションをめぐる戦い

1　注意の中のテンション

「注意とは何か」という問いに答えることはきわめて難しい。というのも注意には多くの側面があるため、これこそが注意であるという統一的な定義が当てはまりにくいからだ[1]。そのため注意という語は脳が自らの情報処理をどのように制御するかを言い表す包括的な語（catch-all term）とも言われる[2]。

他方でスティグレールは注意（attention）という言葉の中にある tention に注目する。過去把持（rétention）にも未来予持（protention）にも見出されるこの tention は、注意の働きを見定めるにあたってカギとなる。したがって以下では、注意をアテンションとカタカナで表記することにしたい。

たとえば詩の一節はメロディーと同じように、それ単独で成立するのではなくすでに読んだ節と連なることによって詩の一節として読まれる。言葉の意味やリズム、アクセントなどが連鎖することによって詩の印象は徐々につくられていく。くわえて、これまでの経験がフィルターとなり、読んでいる詩の「今」の印象を構成する。[3]

ここで重要なのは、第二次過去把持とは経験の蓄積であるため、第一次過去把持に作用をおよぼすと同時に、第二次過去把持自身も第一次過去把持がつくりあげる「今」の影響をうけて変化する点である。記憶の蓄積にもとづいて詩を読むと同時に、詩を読んだ経験が記憶の蓄積にくわえられる。そのため、詩を読むこととは、詩の印象が確定されつつ同時に解体されるプロセスを体験することだと言える。スティグレールの言う意識の円環構造、渦とはこのようなものだ。

先ほども述べたように、意識は過去を記憶するだけでなく未来を予想する。未来予持（protention）と呼ばれるその働きは、未来予知などといった壮大なものではなく、たとえば鑑賞中の映画の展開をなんとなく予想する、といった働きである。制作者は、受容者のこのような意識の働きを想定して予想に応えたり、裏切ったりすることができる。そして未来予持の働きは、これまでの経験を記憶していること、すなわち第二次過去把持によって可能となる。たとえば「ありきたりな展開だ」と思うことができるのは、同様の展開を何度も見てきたからである。

したがって、第一次過去把持と第二次過去把持が互いに影響を及ぼしあう円環構造は、未来予持の働

（1） 河原・横澤 2015：一頁。
（2） Chun, G & Turk-Browne 2011, p. 74.
（3） TT2, p. 236. 邦訳三二〇頁。

きにも影響を与える。たとえば「ありきたりな展開」という第二次過去把持にとっておなじみの経験は、未来予持の働きに影響を与えない。そのとき未来予持は弛緩したゴムのように張りを失っている。他方、斬新な展開、これまでにない演出などは未来予持に張りを与える。「今」に対応するため、これまで蓄積してきた過去を総動員し、新たな未来を予想する。そのとき意識は緊張状態にある。

このように過去と未来に張り詰められた意識のあり方を、スティグレールはアテンションと呼ぶ。「アテンションは未来予持によって前に向かって張りつめられ（pro-tendue）、あらかじめつかまえられて（pro-tenu）いるのである」[4]。スティグレールにとって「注意深い」とは単に作業がはかどる状態を意味するのではなく、意識が過去と未来の双方に張りつめられている緊張状態を指すのである[5]。

しかし過去把持の議論はまだ終わりではない。スティグレールは「詩の一節と詩の関係に当てはまることは、詩と詩集の関係に当てはまるのではないか？」と問う。詩集に収められすでに私によって読まれた詩（過去）が、現在読んでいる詩の印象に作用する。そのためには「私は私にとっての詩集の統一を破らず、また同じ詩集に収められた、今読んでいる詩に先立つ詩を過去に読んだことが、今読んでいる詩の現前化を構成し、その過ぎ去りを可能にし、それに接近させるという事実を排することなく、読むのを中断できねばならない」[6]。私が朗読を中断した後でも朗読の再開は可能である。というのも、朗読を中断したときも再開したときも、同じ詩集を読んでいるからだ。第一次過去把持と第二次過去把持とは異なり、書き残された詩はいつ読んでも同じままにとどまる。物理的なダメージがないかぎり、詩句は前回読んだものとまったく変わらない。そこで把持される過去とは第一次でも第二次でもない、

「想起の第三次的可能性」を示唆する。

2　第三次過去把持と予期せぬもの

第三次過去把持

先述したように、スティグレールはフッサールが第一次過去把持と第二次過去把持を対立させたことを批判していた。そしてこの批判が正当なものだとすれば、意識には第一次過去把持と第二次過去把持だけでなくもうひとつ、第三次過去把持（rétention tertiaire）の働きも必要とされる。そしてこの第三の過去把持こそが、技術を意識の時間性へと接続する。

第三次過去把持とは詩集やＣＤのように、意識の働きではなく、意識の外部で記憶を代補し保持するものである。それは意識の「外」に記憶を保存するだけでなく、それによって記憶を他者へと伝達するものでもある。たとえばフッサールが『幾何学の起源』で述べたように、ピタゴラスの定理はそれが書

（4）　MS1, p. 132.　邦訳一五三頁。

（5）　ただし、注意による緊張をゆるめ、リラックスすることも重要である。たとえばオランダの無意識研究所によると、注意を中断することによって、意識的に熟考していたときには使用できなかった情報、および認知プロセスを利用できるようになるという（Carr 2010, p. 119.　邦訳一六九頁）。

（6）　TT2, p. 235.　邦訳二三〇頁。

き込まれた「文書」という第三次過去把持のおかげでピタゴラスの死後も他者へ継承されることが可能となった。[7]

このように、第一次・第二次過去把持は意識の働きである一方で、第三次過去把持は本やCDのように、意識の「外」で記憶を把持するものである。前者は意識の「内」における記憶の把持、後者は意識の「外」における記憶の把持であり、両者は明確に異なる。それにもかかわらずスティグレールが第三次過去把持と名付けることによって「外」における把持と「内」における把持との連関を強調するのは、意識が第三次過去把持を必要不可欠な構成要素とするためである。どういうことか。

まず第三次過去把持が意識にとって「必要不可欠」とは「「意識」はいかなる時も、純粋に、単純に、根源的にそれ自身で構成されたりはしない」こと、いつも意識は自分ではないもの、すなわち意識の外に刻まれた記憶を取り込むことによって自らを構成することを意味する。[8] ここで意識の外に刻まれた記憶とは後成系統発生的記憶を指す。これまで説明してきたように、人間はつねにすでに後成系統発生的記憶に取り囲まれて生きている。遺伝的記憶ではない後成系統発生的記憶は、第三次過去把持という意識の外を介して伝達される。

しかし第一次過去把持は第二次過去把持によって選別されるのだから、後成系統発生的記憶の継承は、単に意識の「外」を意識の「内」にそのまま受容するのではない。この点について説明するために、スティグレールはジャン゠リュック・ゴダールの『映画史』から、「観客が見るとき、カメラは逆になる。観客は頭の中に一種のカメラを持っており、それはプロジェクターでもあり、投影するのだ」という一節を引用する。[9] 意識は「外」にある第三次過去把持から記憶を自らの「内」へと取り入れつつ、同時にプロジェクターとして、自らの「内」を第三次過去把持というスクリーンへ投射するのだ。

たとえば、詩を読むときに読者は単に文字を取りこむだけでなく、自らの記憶をそこに投影することによって解釈する。詩を読むとは記憶とテクストとが絡まりあうプロセスなのであり、それによって新たな意味や解釈が生まれる。ニコル・スピアらは、物語を読むときに脳内で何が起きるか脳スキャナーを用いて調査した結果、物語のなかの活動や出来事が読者自身の感覚や記憶と統合されることを明らかにした。たとえば読者が登場人物と物体との相互作用の場面を読んでいるとき、読者の脳のなかで手のつかむ動きに関連する前運動野や頭頂葉の領域が活性化した。[10] このように、読書中に脳の中で活性化される領野は現実世界で同じような活動を行ったり想像したりするときに使われる部分であることが多い。また物語のなかの状況をシミュレートする行為は、読者が自分自身の過去を思い出したり想像したりする行為と類似している。ニコラス・カーの表現を借りると、本を読むとき「読者は本になるのだ[11]」。詩を読むとき、読者は詩になる。そのとき詩集やそのページ、文字は新たな読解が投射されるスクリ

(7) TT2, p. 250. 邦訳三五三頁。
(8) MS1, p. 68. 邦訳七九―八〇頁。
(9) MS1, p. 171. 邦訳一九五頁。
(10) Speer et al. 2009, p. 7.
(11) Carr 2010, p. 74. 邦訳一〇八頁。

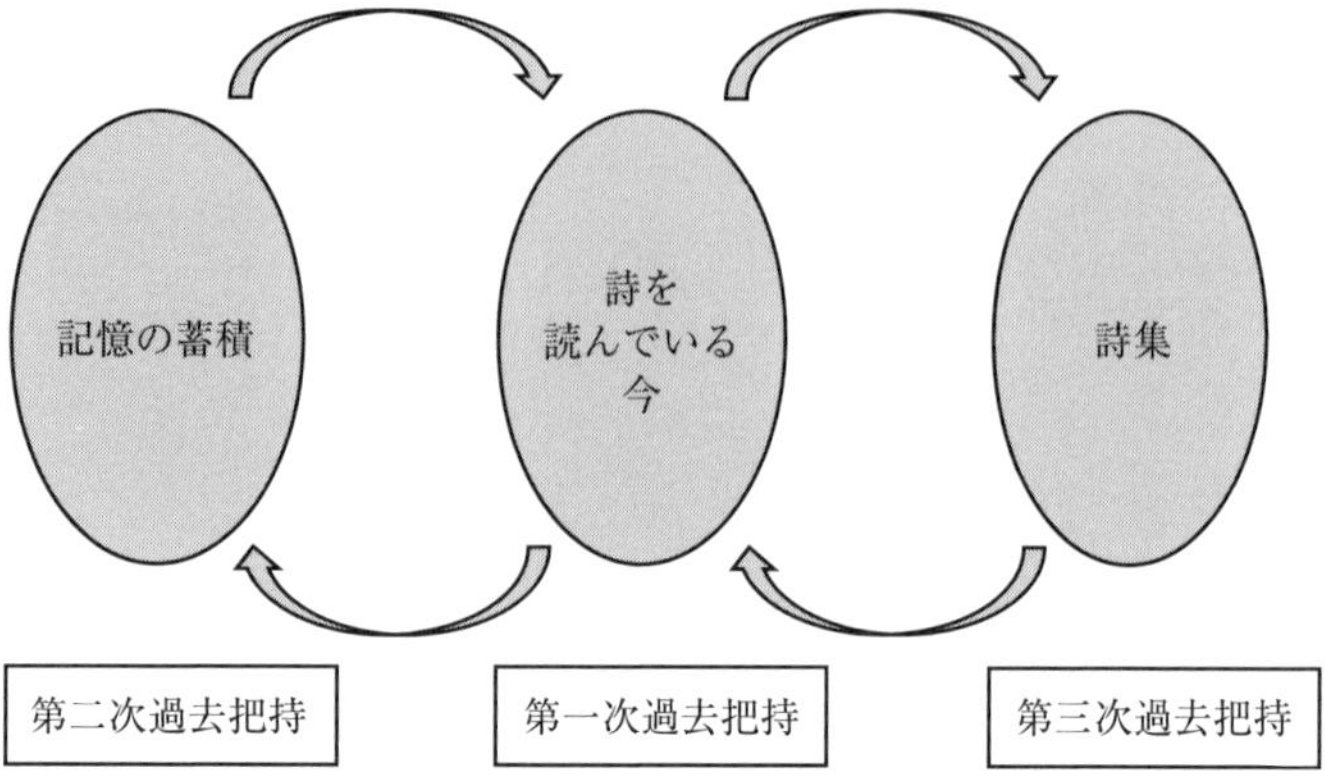

図8　第三次過去把持を介した外在化による内在化

ーンになる。したがって、意識にとって第三次過去把持とは、そこから記憶を取り入れる「内在化」の対象であると同時に、そこへと記憶を投射する「外在化」の対象としても必要不可欠なものなのである。

「私」という予期せぬもの

以上のように、三つの過去把持の相互連関を確認することによって本書がこれまで検討してきた代補の論理、外在化による内在化、個体化についてより詳しく記述することができる。

「私」の第二次過去把持の内容は、第三次過去把持へと投射されてはじめて見出される。言いかえると、私の記憶の蓄積であり固有性の源である第二次過去把持がどのようなものであるかを、私が意識の「内」で直接知ることは決してできず、それはつねに第三次過去把持という「外」を迂回することで事後的に見出されるのだ（前章のＣＤの例を思い出そう）。外在化されるものはその外在化の過程そのものにおいて構成されるのであり、いかなる内部によっても先行されない。代補の論理とはこのようなものである。

したがって、さきほど引用した「注意という語は脳が自らの情報処理をどのように制御するかを言い表す包括的な語」という定義には修正をくわえなければならない。アテンションは、脳による情報処理だけでなく、つねにすでに第三次過去把持によって代補されている。この指摘は、アテンションに「予期せぬもの」という論点を付けくわえる。引用しよう。

> 映像が観客に届くのは、観客自身がそれを投影するとき、つまりその映像を待っているときだけである。しかし観客が感動するためには、待っているその映像が観客を不意打ちしなければならない。つまりその映像は観客にとって予期せぬもの（inattendue）でなければならない。これは一見矛盾であるが、その唯一の解決法は、観客が自身のうちに、自分の意識にとって予期せぬものを有しているということである。[12]

引用した文章のなかでとくに重要なのは、観客が予期せぬものを「意識の内」ではなく「自身の内に有している（porte en lui）」と述べられている点である。映像を注意深く鑑賞するとき、観客は自身の記憶の蓄積というフィルターを通して映像を理解し、次のシーンを予想する。この過去と未来に張りつめ

（12） MS1, p. 172. 邦訳一九五頁。

られた注意深い鑑賞という営みは、同時に、自らの映像の理解を第三次過去把持というスクリーンへ投射することを意味する。そのため、観客は自らが映像をどのように理解したのか、意識の「内」であらかじめ知ることができない。自身の映像の理解は、意識の「外」に反復されることによってはじめて明らかになるのである。この遅れ、事後性はエピメテウスによって人間に刻印されたものだ。そしてそれは、記憶の本質的な技術性を退けたチューリング・マシンに欠けていたものだ。

　予期せぬものは意識の外で発見されるにもかかわらず、自己の内に由来する。そのため予期せぬものとは完全に自己から切り離されたものではなく「自らの持つ他性」と呼ばれ、その経験は「自分について学ぶこと」だと言われる。「意識が他に向けるアテンションとは、自身の持つ他性、つまり他のものに変化する可能性」を映し出すのであり、「そのアテンションによってこそ、意識は自分自身について学ぶのである[13]」。

　たとえばプラトンの『メノン』における召使の少年による想起は、イデア界ではなく少年自身の記憶に由来する。蓄積された記憶がソクラテスの指導によって刺激されること、それと同時に少年の内に蓄積された記憶にもとづいてソクラテスの指導をとらえ返すその円環構造のなかで、幾何学の定理が徐々に形作られていく。さらに召使の少年のアテンションは、図形やそれが書きこまれた地面のような外＝第三次過去把持によって代補されている。意識の外を経由することによって、召使の少年は幾何学の定理の証明を「予期せぬもの」として、そしてそのような証明をなしえた自らを「他者」として見出す。少年はソクラテスの導きと、図形や地面のような第三次過去把持によって、緊張のただ中で自らを他者として見出すのだ。

もちろんこのアテンションの働きは幾何学の証明に限られるものではない。たとえば国語の授業で巨匠の作品を学び、比較、引用、模倣し、それについての解釈、小論文、要約などを書くことは、意識の「外」にある規範や知識を意識の「内」に入れるだけではない。というのも、「読む者が読んだことを実際に知るには、自らを書き写し、他者のようにあらためて読むことができねばならない」からである。[14] ここで「自らを書き写す」とは、自らの記憶の蓄積にもとづいたテクストの解釈を、ノートのような意識の「外」へと書き写すことを意味する。それは自身の「内」の外在化ではあるが単なる反復ではない。テクストの解釈や要約などをノートに書きこむことによって、実はテクストをきちんと理解していなかったことがはじめて明らかになるように、自らを書き写す行為は自らを他者として見出す契機を秘めている。エピメテウスの過失によって人間に宿命づけられた事後性とは、自らを他者として見出すチャンスでもあるのだ。

以上、スティグレールはフッサールの時間意識論を批判的に読み解き、三つの過去把持とアテンション概念をつくりあげた。表にまとめると以下のようになる。

（13） MS1, p. 134. 邦訳一五五頁。
（14） TT2, p. 156. 邦訳二一〇頁。

第一次過去把持	体験の「今」の中で行われている記憶。この記憶のおかげで、意識は音の連なりをメロディーとして把握したり、暗算したりすることができる。心理学でやワーキングメモリと呼ばれるもの。
第二次過去把持	個人の記憶の蓄積であり第一次過去把持のフィルター。長期記憶とも言い換えられる。第一次過去把持にはつねにこのフィルターが働いているため、意識は忘却を完全には克服できない。また未来予示の働きも有している。この第二次過去把持はそれぞれの「私」によって異なるため、「私」の固有性の源でもある。
第三次過去把持	意識の外で記憶を保存・伝達するもの。人間特有の記憶である後成系統発生的記憶は、この第三次過去把持を媒介して伝達される。したがって第三次過去把持は技術とも言いかえられる。意識がそこから知識や規範を受け入れる場であると同時に（内在化）、解釈や記憶を投射する場でもある（外在化）。
アテンション	過去と未来の双方に張りつめられた意識のあり方。過去の記憶にもとづいて「今」の体験を解釈しつつ、「今」の体験が過去の記憶を触発することによって、「今」の解釈が変化する円環的、創造的なプロセスである。このプロセスのなかで予期せぬもの、これまでとは異なる「私」が発見されることもある。

アテンションは第三次過去把持によって代補されている。したがって産業的に組織されうる。事実、

情報の複製が容易になった現代において、アテンションは希少な資源として扱われている。

3　希少な資源としてのアテンション

ディープ・アテンションとハイパー・アテンション

二〇〇八年に刊行された著書『ケアすること――未成熟と世代について』でとくに問題とされるのは、デジタル技術の進歩によって情報の複製コストが限りなくゼロに近くなったことに伴い、情報に対するアテンションがビジネスにおいて相対的に希少な資源として扱われるようになった事態である。情報があふれるメディア環境において、いかに自社の製品や広告にアテンションをひきつけるか。現代の資本主義において、もっとも希少で最も決定的なリソースは化石燃料ではなく、個人のアテンションなのである。[15] ハーバート・サイモンは、一九七一年の時点で次のように予言していた。

> 情報があふれる世界では、情報が豊富であることは別のものの枯渇を意味する。情報が消費するものが何であれ、それが希少となるのだ。情報が何を消費するかは明らかだろう。それは受け手のアテンションを消費する。情報が豊富であればあるほどアテンションは欠乏し、消費するだろう情報源の過

(15)　PS1, p. 173.

剰の中で、アテンションを効率的に配分する必要が生じる。[16]

資源としてのアテンションがエコノミーに巻き込まれ、アテンション・エコノミーが形成される。「アテンションの管理の技術は現在、過去把持と混同されたアテンションの知覚にもとづいたアテンション・エコノミーとして利用される。そしてついには全体的にケアとしてのアテンションは殲滅される」[17]。一九九〇年代後半ごろにはすでに『ワイアード』や『ハーバード・ビジネス・レビュー』においてインターネットの可能性を制約する最大要因として、また情報化経済における希少資源として人間のアテンションをめぐる議論がなされていた。問いは「いかにアテンションを利用して最大限の利益を上げるか」である。

アテンションの争奪戦となった現代のメディア環境を分析するために、スティグレールはキャサリン・ヘイルズの提起したモデルであるディープ・アテンション（Deep Attention）とハイパー・アテンション（Hyper Attention）を参照する。ディープ・アテンションとは伝統的に人間性と一体のものとして考えられてきた認知様態であり、それは「ある単一の対象に対して長時間集中し、その際外部の刺激には無頓着になること、単一の情報の流れを好み、長時間同じ対象に集中することへの寛容さを持っているもの」として特徴づけられる。[18]

一方ハイパー・アテンションとは、一日の大半をテレビ、コンピューター、携帯電話といったメディアとつながった生活を送るメディア世代（Generation M）に顕著となった認知様態であり、「様々なタスクに対する焦点を即座に切り替え、多数の情報の流れを好み、より高い刺激を求め、退屈に対する寛容さが低いもの」として特徴づけられる[19]。メディア世代の子どもたちは、競ってアテンションを引こうとするものが次々と途切れることなく現れることに慣れてしまっている。

このように一定レベルの新奇な感覚刺激に囲まれ、注意過多の状態へと追い込まれると、子どもたちは退屈を感じやすくなる。退屈とは元来、子供たちが自分なりの気晴らしや単純な楽しみを作り出す原動力である[20]。しかし過剰なデジタル刺激に誘発された退屈は、子どもたちから活気を奪ってしまう。退屈とは本来なら創造性のための必要な準備段階だが、子どもは画面上の遊びの中毒になると、彼らが退屈と呼ぶその遁走状態を抜ける方法がわからなくなるのだ[21]。スティグレールにとってアテンションとは刺激に対する即座の反応を抑制し、待機状態＝期待している状態（en attente）にあることなのだが、ハイパー・アテンションにおいてこの状態は維持されないだろう[22]。

そして二〇一〇年代に入ると、スティグレールのアテンションの基礎づけは現象学から徐々に認知神

(16) Simon 1971, pp. 40–41.
(17) PS1, p. 205.
(18) Hayles 2007, p. 187.
(19) ibid.
(20) ウルフ 2020：一五一頁。
(21) 同前。
(22) MS1, p. 132. 邦訳一五三頁。待機とアテンションは遡るとどちらもラテン語の attendere に由来する。

経科学に移行していく。そのとき参照されるのは、認知神経科学者であるメアリアン・ウルフの読字と脳にかんする研究である。

ディープ・リーディング

ウルフの議論はアテンションが資源となった現代社会においてきわめて示唆に富むものである。スティグレールもウルフの議論を高く評価しており、それはスティグレールがウルフの『プルーストとイカ』のフランス語版に序文を付したことからもうかがえる。

ウルフが同書で依拠するのはスタニスラフ・ドゥアンヌのニューロンリサイクル仮説である。その仮説によれば、人間は、文字を読む能力が遺伝子のなかに組み込まれていないため、空間を識別するための脳の領域を文字の識別活動へとリサイクルしている。[23] この文字の獲得のために行われる脳全体の大編成を、ウルフは「読字革命」と呼ぶ。

メアリアン・ウルフ

文字の読み書きは生得的なものではない。したがって「読む脳」になるためには、読字によって脳が読字のために特殊化し、それによってより速く文字を読むことができるようになり、それによってさらに脳が特殊化し……という累積的なプロセスが必要となる。文字を自動的と言えるほどの速度で認識できるならば、読み書きをしている間に展開し続ける心的過程により多くの時間を割り当てられる。[24] ウルフは、流暢さとは速度の問題ではない、と釘をさす。流暢さがもたらすものとは、文章をただ読むだけでなく、推論や予測、比較など、記憶にもとづいて文章を自分なりに解釈する時間なのである。

以上のように、与えられた情報を踏み越え自分で考える時間が確保された読みをウルフは「ディープ・リーディング」と呼ぶ。それは先述したディープ・アテンションと同じものを指す。[25] したがって、ディープ・アテンションと同様にディープ・リーディングもまた、現代のメディア環境では脅かされている。

ドゥアンヌとウルフによる脳の再組織化についての研究からわかるように、脳のような器官は、石礫からスマートフォンにいたるまでの技術と、どちらかが一方的に支配する／される関係にあるのではなく、両者は終わりなき対話を続けてきた。[26] ウルフは読者の第一次過去把持と第二次過去把持が、本という第三次過去把持とともに構成されていることを示した。このプロセスは脳だけを観察していても理解できない。脳は生得的に文字の読み書きができるわけではないからだ。そこには第三次過去把持という技術が根本的に介在している。

さらにウルフは、サラ・コンラスらの研究グループによる若者の共感低下に関する研究を参照しつつ、最も深いレベルでの読みは、共感離れへの対抗手段になりうると主張する。小説や物語を通した認知的、

(23) ウルフ 2008：二八―二九頁。
(24) ウルフ 2008：八七頁。
(25) PFN, p. 129.
(26) N, p. 252.

社会的、そして情動的プロセスが複雑に絡み合った他者視点の取得は、他者を掘り下げて理解することを可能にする。それは異なる文化どうしのつながりが強まっている世界では欠かせないスキルである。[27] 読字脳の変化は、第1章でドゥティエンヌの指摘を紹介したように、「私」だけでなく「われわれ」の土台がいかに築かれていくかを反映しているのだ。

しかしウルフは、デジタルメディアとインターネットを全面的に退けているわけではない。彼女の目的は、それらの持つプラスの効果をディープ・リーディングと掛け合わせて、バイリテラシー脳を育成することにある。たとえば難民の子どもについての物語を読んで、さらにギリシャやトルコやニューヨーク州北部で自分たちの命が延びるのを待っている難民の子どもたちの実際の映像にオンラインでアクセスする子どもは、その状況について読むだけでそこから先には踏み込まない子どもよりも強い共感を抱く。[28] バイリテラシー脳を備えた子どもは、二つの媒体と複数のメディアでの読みに堪能になり、さまざまな課題のために難なく両者を切り替えることができるようになり、どんなタイプの内容や学習課題にはどちらの媒体のほうが良いか、自力で学ぶようになるのである。[29]

以上から、なぜスティグレールがウルフの研究を頻繁に参照しているかがわかるだろう。端的に言って、彼女の議論はスティグレールの一般器官学の構想を実証的に根拠づけるものなのである。[30] アテンションを脳の働きだけに還元するのではなく技術と社会との連関のなかでとらえるウルフの知見は、後に見るように、理論だけでなくスティグレールの社会実験にも大きな影響を与えることになる。

本章のまとめ

本章ではアテンションについて、その tention の内実に注目して分析してきた。スティグレールにとって「注意深い」とは単に作業がはかどる状態を意味するのではなく、意識が過去と未来の双方に張りつめられている緊張状態を指す。それは「私」固有の第二次過去把持が活気づき、新たな未来を期待するなかでの待機状態（en attente）である。そのさなかで、予期せぬ「私」、自らを他者として見出す。そのプロセスは意識の外で記憶を保持する第三次過去把持、すなわち技術によって代補されている。

他方、第三次過去把持によって代補されているために、アテンションは産業的に組織され、現代では希少な資源として争奪戦に巻き込まれている。その結果、オンラインでマルチタスクをこなすような浅いアテンションしか維持できなくなる。ヘイルズはそれをハイパー・アテンションと呼んだ。

ウルフは、技術によるアテンションの代補、そしてその破壊について、脳のイメージング技術を駆使して明らかにした。読字における脳神経の働きを分析したウルフの研究によると、読字は脳だけに閉じ

（27） ウルフ 2020：七一―七二頁。

（28） ウルフ 2020：二四一頁。

（29） 同前。また、ウルフたちはディスレクシアの子どもたちに読み書きを教えるためのデジタルツールの開発も行っている。分析と推論ができ、自分の考え方で文字を読む脳に、人間の意識を形成するあらゆる能力と、敏捷、多機能、視聴覚を含む複数のコミュニケーション・モードを利用するマルチモーダル、情報統合を特徴とするデジタル思考の能力が備われば、排他的な世界に住み着く必要などないのだ（ウルフ 2008：三三五頁）。

（30） PFN, p. 129.

たものではなく、むしろ技術と社会に根本的に開かれている。つまり、アテンションは社会的に治癒されなくてはならないのだ。スティグレールは以上の知見を参考に、アテンションが奪い合われ破壊される現代において、いかにアテンションを育成するか考え実践するのである。

第6章　資本主義の三つの精神

1　プロテスタンティズムの倫理とオティウムの喪失

資本主義と排外主義

スティグレールはそのつどの実践的な問題をめぐって考察と言論を積み重ね、それらをまとめて本にするタイプの思想家である。資本主義を批判した『無信仰と不信（*Mécréance et Discrédit*）』シリーズもまた、当時の状況に応答するなかで書かれた。それは、二〇〇二年四月のフランス大統領選において極右政党を率いるジャン＝マリ・ルペンが決選投票に進み、また二〇〇四年六月にフランスでの国民投票がEU憲法に拒否を突きつけるなど、排外主義的な雰囲気がフランスを覆い、極右政党の支持者が増加した時期であった。

これまで指摘されてきた通り、排外主義的言説の隆盛や極右政党の躍進はグローバリズムやエスタブリッシュメントに対する反動という性格を有している。その原因として、トマ・ピケティは、一九八〇年代に累進性の低い税制に移行したこと、それによって一九八〇—二〇一八年にかけて格差がかつてない規模で広がったことを挙げる。中流・下層に位置する人々が手にする国民所得の比率が激減したことは、彼らに「自分たちは見捨てられた」という気分を抱かせたかもしれない(1)。事実、一九五〇年代と六〇年代には労働者の党だった左派政党は、徐々に高学歴の人々の党へと変身した。フランスでは、左派政党が大衆階級を見捨てているように見えた頃、低賃金労働者と社会保障制度(ただし自国生まれを対象にしたものに限る)を擁護する極右、国民戦線の票田が広がった(2)。

他方、スティグレールは以上の事態の原因として格差や税制、社会保障だけでなく、全般的プロレタリア化を挙げる。スティグレールにとって極右政党の支持者やEUによる統合を拒否する者たちは、「フランス人」というフィクションに固執する蒙昧な輩などではない。むしろスティグレールは彼らに共感している(3)。彼らはプロレタリア化の、いわば被害者なのだ。

資本主義によるプロレタリア化について分析するために、スティグレールはマックス・ウェーバー(Max Weber 1864~1920)の『プロテスタンティズムの倫理と資本主義の精神』を参照する。ウェーバーいわく、プロテスタンティズムの倫理は近代社会に時間浪費の禁止を生み出す強力な源泉であった。それは一瞬一瞬を濃密に利用し活用せよと命令するものであり、資本主義における時間のやりくりを文化の面から支えるものであった。

プロテスタントの教義では、死後に魂が救済されるか断罪されるかは神のみぞ知る。そのため信者たちは自分の人生が天国と地獄どちらにつながっているかわからない、不安定な状態に置かれる。彼らにとって勤勉に働くことは「自分は正しい行いをした」と堂々と宣言できるものではなく、せいぜい神に対して「良かれと思ってやった」という心構えを示すものに過ぎない。この不安、恐怖のうちに、支出よりも貯蓄を好み、絶えず自己を律する姿勢が生み出された。

マックス・ウェーバー

やがて市民社会が成熟してくると、この勤労の背後にあった宗教心は忘れられていく。労働する行為そのものが、富をもたらす好ましい行為と見なされるようになったのである。労働せずに貧しい暮らしをすることは道徳的に劣ったこととみなされ、労働に従事しない人を強制的に働かせることが道徳的な行為だとみなされるようになった(4)。かくしてプロテスタンティズムの倫理は資本主義へと引き継がれたのである。

(1) ピケティ 2023：三三五頁。
(2) ピケティ 2023：七三〇頁。
(3) スティグレールは二〇〇二年六月にスリジー・ラ・サル国際文化センターで行った講演を、大統領選で国民戦線を支持した人たちに捧げている。
(4) 中山 2023：九〇頁。

資本主義的時間エコノミー

この倫理観は、近代において、時間を効率的に管理されるべき資源へと変えた。この変化を的確に言い表したのがベンジャミン・フランクリンの「時は金なり」という格言である。より短い時間で生産を行う能力がある者は潜在的により多くの利益を手に入れる。つまりより速い者はより儲けるのだ。この観点から言うと、「生産性の上昇」とは単位時間あたりの生産量の増大として定義される。

この「時は金なり」という格言は、プロテスタンティズムにおける神への奉仕の時間が、絶えず計算しやりくりするエコノミーの対象になったことを言い表している。(5) たとえば「時は金なり」という格言はこう続いている。

自分の労働で一日に十シリングを稼ぐことができる者が半日歩いたり、何もせずに怠けたりしていたら、その気晴らしや怠惰のためには六ペンスしか使わなかったとしても、それが出費のすべてと考えるべきではない。実際にはさらに五シリング使った、というよりも捨てたのである。(6)

ベンジャミン・フランクリンは、労働しない時間はまったく消費をしていなくてもすでに浪費だと断言した。この資本主義の精神において、神のような計算不可能なものとのかかわりはただの「怠慢」であり、ビジネスからの逃亡として、時間のやりくりの失敗として、取り返しのつかない浪費として非難される。したがって諸個人は自らの時間を絶えず計算しやりくりすることから逃れられなくなる。

資本主義的時間エコノミーの強制は、労働者の時間的慣習、時間認識、時間的方向づけの形式と内容に大きな影響を与えた。[7] その影響は次のようにまとめられる。

・自然のリズムは解体し、それに伴い社会の集団的リズム（労働時間と余暇の時間、休息と労働日、営業時間と閉店時間など）もまた解体する。
・労働と余暇が時間的・空間的にはっきりと分離する。
・労働時間が暦と時計によって計測される抽象的な時間の長さによって定められ、労働の対象から分離する。

このように、共同体や慣習から切り離され抽象化した時間を内面化させるのが工場、病院、監獄、兵営、とりわけ学校であった。これらの装置は資本主義的な時間エコノミーを内面化させることによって、怠慢を厳しく罰し、絶えず自らの時間をやりくりする主体を作り上げるのである。

資本主義は時間を「金」としてあつかい、その浪費を徹底的に戒めた。時間の効率的なやりくりを労働者みずからが行うように訓練することで、資本主義の精神は社会全体に広く深く浸透していく。怠惰

（5） MD1, p. 66.
（6） ウェーバー 2010：四五―四六頁。
（7） ローザ 2022：二〇七―二〇九頁。

な者は罰せられる。労働に与しない者は罰せられる。そのような社会で失われたものとは特別な余暇、オティウムである。

オティウムとネゴティウム

資本主義社会における時間管理のプロセスを、スティグレールはオティウム（Otium）のネゴティウム（Negotium）への還元としてとらえる。オティウムとはラテン語で自由な時間、余暇を意味する。しかしそれは暇や休息といった消極的な時間ではなく、神への信仰や自己の特異性を気遣うための時間である。他方、ネゴティウムとは生存維持のために時間や資源をやりくりすること、自らの生理的欲求を満たすために働く時間であり、オティウムとは区別される。したがってかつてオティウムとはネゴティウムから解放されている貴族階級や聖職者にのみ許された実践であった(8)。

このオティウムの実践は宗教的なものだけでなく、一六世紀以降フランス語で文化（culture）と呼ばれたことからわかるように、広く文化的な営みを指す。スティグレールにとってオティウムの主眼は、計算不可能なものとのかかわりにおいて他の誰とも代えることのできない特異な「私」を見出すことに置かれている。「私」は他者とは異なった仕方で考え、感じ、欲望している。なぜなら私は他の誰とも異なる特異な記憶を保持しているからである(9)。これまで本書で見てきた個体化とは、ハイデガーやフッサールらの理論の中だけでなく、オティウムという余暇のなかで実践されてきたのだ。

そしてオティウムの実践はつねに技術、つまり第三次過去把持に支えられている。オティウムの実践例について論じたものとして、スティグレールはミシェル・フーコーの論考「自己の書法 écriture de soi」を挙げる。フーコーはこの論考で古代ローマにおける読み書きを通した自己陶冶の技法を描き出すが、それは何よりもまず「記憶媒体 hypomnémata」を用いた実践であり、自己の特異性を耕す営為、オティウムなのである[10]。

しかし、資本主義の精神にとってオティウムとはまさに怠慢であり、利益や機会の純粋な損失にすぎない。そしてこの精神は労働だけでなく余暇時間にまで浸透する。その結果もたらされるのが全般的プロレタリア化である。

2　フォーディズムと制作知の喪失

カール・マルクス（Karl Marx 1818~1883）は、資本主義社会において労働者は資本家に搾取されており、その賃労働は疎外されていると指摘した。労働者は自らの労働による生産物を自らのものとすることができない。労働者はあたかも自発的に就労するかのような契約のもと、労働を強制されている。労働者は人間らしさを発揮できる営みであるはずの労働を、目的ではなく生存の手段とせざるをえない。労

（8）MD1, p. 84.
（9）MD1, p. 112.
（10）MD1, p. 99.　自己の書法およびオティウムについては、最後に再びとりあげる。

カール・マルクス

労働者はともに働く仲間と労働の喜びを味わうことができない。このような苦境に置かれた労働者を、マルクスはプロレタリアートと呼んだ。

他方スティグレールは、プロレタリア化を、労働者だけでなく消費者もふくめたすべての人間が広い意味での知（savoir）を喪失するプロセスだと考える。どういうことか。

産業革命期の労働者は間違いなくプロレタリアートと化した。しかしスティグレールは、プロレタリア化とは経済手段の喪失であるだけでなく、ノウハウ＝制作知（savoir-faire）の喪失でもあると主張する。自分の手で何かを作り出す労働は、もともとは何かを生産するだけでなく、それを通して新たな自己を発見する個体化の喜びをもたらすものであった。熟練の職人は個体化としての労働を通して固有のノウハウ＝制作知を育んできたのである。機械化と分業は、このように制作という対象との関わりのなかで制作知を培い自己を発見するプロセス、すなわち個体化の喪失をもたらした[11]。

時代は下り、一九世紀末に発明された電気と内燃機関に駆動された第二次産業革命は、大量生産の時代に最高潮に達する。それは工業を変えただけでなく、市民の生活も一変させた。この変化の主要因として挙げられるのが、テイラーによる科学的管理法と、それを実装したフォーディズムである。

アメリカの技術者・経営学者であるフレデリック・テイラー（Frederick Taylor 1856~1915）は、二〇世紀初頭のアメリカで生産の組織化と規律化、合理化の課題に応えるため科学的管理法を生み出した。それ

フレデリック・テイラー

は労働を時間と動作の二要素に還元し、合理的に組織化するという方法をとる。たとえば動作研究では、労働者の作業を映画フィルムに撮影し、身ぶりを分析し、最も合理的な作業の組織化を追求した(12)。テイラーが生み出したシステムは、それまで数値化することが困難だった熟練労働者の作業を分析して単純な労働過程に分解し、それらを組み合わせることで、未熟練労働者でも同じような質の高い作業ができるようになることを目的としていた。

以上のテイラー・システムに象徴的なように、産業における機械化、自動化を考えるにあたって重要なのは、それらが労働者の制作知を機械に外在化することによって可能となる、という点だ。テイラーは労働者の身体に埋め込まれた知を映画フィルムに撮影することによって外在化した。映画を編集するように、フィルムに記録された労働者の動作は分解され組み合わされる。その結果、労働が均質化・平準化し、誰でも同じように作業をこなせるようになる。

しかしこの外在化は、労働の中でハンマーのふるい方を少しずつ覚えていくような、内在化を伴うものではない。均質化した労働はもはや自ら固有の知を育む機会になりえない。スティグレールにおける労働者のプロレタリア化、制作知の喪失とは、単に機械に仕事を奪われるだけでなく、個体化の機会が

(11) MD1, p. 145.
(12) 石田 2016：九二―九三頁。

失われたことを意味するのである。[13]

大量生産のシステムを確立したのは、自動車の生産にライン方式を導入し、「自動車王」と呼ばれたヘンリー・フォードである。フォード率いるフォード自動車は電気を工場に導入して先進的な生産方式を構築した。フォーディズムと呼ばれるこの方式はテイラー・システムを参考にしたものであるが、それだけでなく、当時としては異例なほどに高い賃金を従業員に支払ったことによっても特徴づけられる。高い賃金を得た従業員たちはこれまで手が届かなかった自動車を購入することができ、それによって自動車の市場は爆発的に拡大した。[14] 自動車だけでなく、大量生産方式と組み立てラインのおかげで、設計、技術、機械操作、事務といったさまざまな新しい仕事が生まれ、業界における労働者への需要も高まった。[15] その結果、「第二次世界大戦後の三十年間、工場労働者の賃金は上がり続け、一家の主人の稼ぎで質素な家、車一台、食べ物と衣服がふんだんにあるライフスタイルを実現できるようになる。休暇にはキャンピングカーで旅行に行けるようにもなった[16]」。

労働者が大量生産した商品を労働者が大量消費すること、それは「アメリカ的生活様式（American Way of Life）」を生んだ。ここで重要なポイントは、そのような生活様式が、ハリウッド映画などのメディアを通して世界中に広がり憧れの的となった点である。テイラー・システムを導入することで大量の商品が工場で生産されるが、ハリウッドはその商品への欲望を生産する役割を担った。フォードの工場と同じようにハリウッドもまた工場、夢の工場なのである。

このように、二〇世紀半ばごろまでは労働者たちに賃金を支払うことで彼らの消費を動機づけ、需要を増加させることができた。しかし生活必需品がある程度いきわたると、消費欲望は飽和し、生産した商品は売れなくなる。そのため二十世紀半ば以降、資本主義社会は情報を操作することで流行を創出し、既存商品を次々に陳腐化させ新商品に置き換えることによって需要を創出しなければならなくなった。いわゆる「高度消費社会」である。産業の中心は、情報産業や広告産業のような、商品への欲望それ自体を生産するものへと徐々に移行していった。

一九四〇年代、財の過剰生産を解消するために、アメリカの産業界はプロパガンダの遺伝子を受け継ぐPRやマーケティングの手法を活用した。フロイトの甥であるエドワード・バーネイズが考案したマーケティングは、大衆の欲望を刺激し方向づける技術である。[17] 大衆の市場を獲得するために、とくに映画やテレビといった視聴覚メディアが利用された。どのような「私」を作り上げるか、どのような生き方（Way of Life）を目指すのかは、映画やテレビが教えてくれる。「われわれ」の生活リズムでさえ、テ

（13） ただし、組み立てラインで働く男性工場労働者たちは、ただの機械の部品に甘んじることはなかった。朝早く起きて、工場に行き、何時間も、来る日も来る日も同じ定型作業をこなすには自己規律が必要である。そのため彼らは、大卒のエリートや黒人たちとは異なる（と彼らが考える）、「規律ある自己」という「われわれ」を形成した（フレイ 2020：四一九―四二〇頁）。
（14） 中山 2023：二四一―二四二頁。
（15） アセモグル&ジョンソン 2023：四七頁。
（16） フレイ 2020：三三五頁。
（17） MS1, p. 24. 邦訳二一八―二一九頁。

レビが代わりに刻んでくれる。プロレタリア化は、労働だけでなく余暇の領域にまで浸食している。労働者が制作知を失ったように、消費者は生活する知を失ったのである。

3　文化産業と生活知の喪失

われわれは産業的な時間対象（objets temporels industriels）の時代に生きている、とスティグレールは言う。ラジオや映画はそれ自体が流れていく時間によって構成される時間対象である。そして意識もまた流れる時間的なものである。したがって調整次第では、時間対象と意識の流れはぴたりと一致する。われわれは心底くだらないと思いつつ、流行のポップソングを口ずさんだり、ＣＭ動画が頭から離れなかったりする。意識は否が応でも広告にシンクロしてしまうのであり、文化産業への出資はほぼすべてそこから生まれる。

アドルノとホルクハイマー

文化産業とは、テオドール・アドルノ（Theodor Adorno 1903~1969）とマックス・ホルクハイマー（Max Horkheimer 1895~1973）らが『啓蒙の弁証法』で提出した概念である。それは精神的な鍛練が必要とされる文化的な所産であるにもかかわらず、受動的に消費されることによって資本主義社会の再生産に貢献する。

スティグレールは『技術と時間３』の冒頭で次のように問うている。

気だるく何もしたくないが、何もしたくないこと自体に飽きてしまった秋の日曜の午後、古い映画を観たくなったことのない人がいるだろうか？　物語などどうでもよく、都会で生活し小銭があるなら近所の映画館なり、ビデオがあればそれでも、あるいはうんざりしてテレビをつけても映画はやってないので仕方なく、どうでもいいドラマや、どうしようもない番組の映像の流れに身を任せたりしないだろうか？

どうして、テレビを消して本を手にしてみないのか？　美しい物語や、力のあるよく書けた物語があるというのに。どうして、そんな日曜の午後には、映像の運動が美しい本に記された言葉の運動に勝るのか？(18)

この問いに対して、スティグレールは「見ているだけでいいからだ」と答える。テレビ番組は話の筋を見失わないよう文章を辿ったりページをめくったりする必要がない。視聴者はただ見ているだけで意識を映像にシンクロすることができる。人間は弱く脆いだけでなく、面倒くさがりでもあるのだ。

しかし面倒くさがってばかりではいられない。というのも、意識がなにものかにシンクロする働きは、「われわれ」の存亡にとってきわめて重要なものだからだ。スティグレールは現代人が音楽やスポーツ

(18)　TT3, pp. 30–31.　邦訳二一頁。

といった祝祭に熱狂し、「われわれ」の絆を確かめたがることに理解を示す。というのもそれは、いかに人々がシンクロニゼーションを欲しているかを端的に表しているからだ[19]。

シンクロニゼーションとは言語学では共時化と訳される言葉であるが、スティグレールは同じ（シン）‐時間（クロノ）に参加するプロセスという意味で使用している。しばしば日本語でも「シンクロする」と言うように、シンクロニゼーションとは共通の時間を生きて同調すること、それによって「われわれ」というまとまりを成すことを意味する。たとえば暦とは元来、同じリズムを刻むことによって「われわれ」へとシンクロするための装置である。

過去把持の用語で言いかえると、シンクロニゼーションとは同じ第二次過去把持を共有することを指す。フィルターとして「今」を構成する第二次過去把持を共有することで「われわれ」は同じものを同じように体験することができる。このようにわれわれが共有する第二次過去把持を、スティグレールは集合的第二次過去把持と呼ぶ（これは集合的未来予持でもある）。

第二次過去把持を共有すること、すなわち同じ過去を記憶し、同じ未来を期待することで、「われわれ」のまとまりが生成される。たとえばユダヤ‐キリスト教における神に選ばれし民、あるいはマルクス主義における革命的共同体は、「われわれ」を他とは異なる特異なものとして想像する。シンクロニゼーションは「われわれ」を個体化するのだ。

他方、「私」は「われわれ」と同じものではない。「私」は行動規範や生活様式、規則などを内在化するが、自らの固有な経験にもとづいて新たな意味や解釈を対象に外在化することもできる。「私」は固有の第二次過去把持を持っているのだ。集合的第二次過去把持から区別されるこの過去把持を、スティグレールは心的第二次過去把持と呼ぶ（「私」の過去把持を心的、「われわれ」の過去把持を「集合的」と名付けるのは、第3章で見たシモンドンの心的かつ集合的個体化を踏襲している）。

「私」は固有な記憶や経験を持っているために、「われわれ」に還元されない。この還元不可能な「私」になるプロセスは、ディアクロニゼーション（diachronisation）と呼ばれる。ディアクロニゼーションとは、他者からは隔たった（ディア）時間（クロノ）を生きるプロセスを指す。それは「われわれ」に共通の過去の遺産を「私」が自分なりに再解釈し、自らの特異性を活かすプロセスである。そしてシンクロニゼーションとディアクロニゼーションは対立するのではなく共立（composition）する。「われわれ」と「私」、シンクロニゼーションとディアクロニゼーションとが拮抗することによって、準安定的な平衡状態を保ちながら社会は構成されていくのである。

この拮抗は、すでに暦の中に書きこまれている。たとえばキリスト教の教会暦には聖人を記念する日があるように、暦には日常を超越した何か、計算不可能で例外的なものへの感覚がこめられている[20]。教会のミサで賛美歌を歌ったり、聖書を朗読したりするなかで、「私」は神の存在を感じ取ることができる。そこで「私」は、「われわれ」ではなくたった一人の「私」として神と対峙する。ミサから帰宅し

(19) TT3, p. 155. 邦訳一七一頁。

(20) また現代の人々がスポーツに熱狂するのも、彼らが競技の展開の予測し難さや例外的な結果、唯一の出来事などを熱望しているからであり、メディアやスポーツ産業はこの欲望を搾取することで潤う（ASN, p. 26. 邦訳四五頁）。

たあと、聖書を読みながら神と対話することで自分なりの解釈を生み出すこともできるだろう。参加者をシンクロさせる宗教的な集まりのなかに、ディアクロニゼーションを強化する機会が含まれているのである。[21]

したがってスティグレールにとってシンクロニゼーションとディアクロニゼーション、「私」と「われわれ」は切り離されることなく差異化されなければならない。スティグレールはこの差異を権利として生み出す必要性を訴えるが、それはこの差異が事実としては還元可能なものだからである。[22]「私」と「われわれ」の差異は原理的には決してなくならないが、実際にはその差異がなくなったように感じられることもある。「私」の個体化の可能性が抹消され「われわれ」に完全に同調する危険はつねにひそんでいる。シンクロニゼーションとディアクロニゼーションの共立関係は何もしなくても保たれる、というものではないのだ。スティグレールが文化産業を問題視する理由もここにある。産業的時間対象は、制作知の喪失とは異なるプロレタリア化をもたらしてしまうのである。

いまや資本主義の精神は労働から截然と区別されるはずの余暇の領域にまで浸食してきた。もはや余暇の時間はオティウムではなく消費のために費やされる。そこで消費者はメディアが提示してくるいくつものライフスタイルを、お手軽に選択することができる。しかしそれは、「われわれ」としてまとまり、その中で「私」になる個体化の契機を企業に、資本の論理に譲り渡してしまうことを意味する。機械に仕えることによって制作知を失った労働者と同じように、文化産業によって消費者は特異な「私」や「われわれ」として生きる生活知（savoir-vivre）を喪失しているのである。喪失しても問題はない、なぜなら何を観るか、何を着るか、何を食べるかさえ、メディアが教えてくれるからだ。個体化を支えるはずの文化が産業化することによって、オティウムにおける個体化の機会が失われていく[23]。それはマ

（21） ここから、なぜスティグレールが資本主義批判の書を『無信仰と不信』と題したのかがわかる。「信仰（croyance）」は、たった一人の「私」として神と対峙するように、「われわれ」とは異なる時間を生きる。しかしそれは、他者との関係を維持する「信頼（créance）」と相互に支え合うことによって実現する。信頼とは暦のような同じ時間を「われわれ」として共有するとともに、「私」という異なる時間を受け入れるプロセスの中で培われるものなのである。「私」が固有な存在であるという何のエビデンスもない信仰が許容されることによって、他者との信頼も育まれる。信仰という経糸と信頼という緯糸とが織り合わさることによって、社会は編み上げられていくのだ。したがって、仮に資本主義が信仰を怠惰として罰し、計算可能な営みに還元するのであれば、それは社会の紐帯に甚大な影響を及ぼすだろう。スティグレールは、排外主義的言説の隆盛や極右政党の躍進の根底に、民主主義的政治を根拠づけ社会の紐帯を維持する「信頼」の喪失を見てとるのである。
社会を覆う不信感、信頼の欠如は深刻な問題を招く。たとえば国連事務総長のアントニオ・グテーレスは二〇二〇年に、SDGsの進展を損なう恐れのある「信頼の欠如（trust deficit）」について警告した（United Nations 2020）。「われわれ」のものである民主主義制度に対する信頼は、特にここ十数年の間にすべての民主主義国、とくにアメリカと発展途上の民主主義国で低下している。世界的な様相は一様ではないが、民主主義諸国における主要な制度（政府、公立学校、メディア、法執行機関など）への信頼が低下しているという一般的な傾向は広く受け入れられている（United Nations 2021）。これこそまさに、『無信仰と不信1』の副題である「産業的民主主義の頽廃」なのである。
（22） TT3, p. 255. 邦訳二九二―二九三頁。
（23） MD1, p. 145.

ルクスが労働の局面で見出したプロレタリア化が、生活全般にまで及ぶことを意味する。

以上の生活知の喪失は、消費者が一方的にコンテンツを内在化させられることによって生じる事態だと言えるだろう。映画やテレビが提示してくるイメージを受容することによって、各自は「私」を作り上げていく。しかし第5章で見たように、「私」はイメージを内在化するだけでなく、プロジェクターとして固有の記憶を外在化する。その意味で「私」はコンテンツの消費者であるだけでなく、そこに新たな意味を創出するクリエイティブな役割も担う。

文化産業は、そのような外在化による内在化、「私」固有の生を作り上げていく余地を許さない。むろん商業作品について批評したり、二次創作を行ったりと、外在化による内在化は権利上可能ではある。だが高度消費社会において、同じものを何度も反復されては困る。それでは新商品が売れなくなる。したがって生産者と消費者は分離され、後者は企業がつくったものを一方的に消費するだけになる。需要を創出するために流行を生み出し既存のコンテンツを次々に陳腐化させる高度消費社会において、制作知や生活知を育むことはきわめて難しい。

そして、以上の全般的プロレタリア化が、現代の生きづらさの原因だとスティグレールは考える。たとえば二〇〇二年三月二六日にパリ郊外のナンテール市議会で銃を乱射し、市議会議員八名を殺害し一九名を負傷させたリシャール・デュルンは日記にこう書いていた。「人生でせめて一度、生きていると実感するために、悪事を働かねばならない」。

デュルンは市議会という「われわれ」の代表を襲うことによって、「われわれ」を殺害しようとした。

彼は、自分を見ようと鏡をのぞき込んでも、そこにはぽっかりと空いた穴のような虚無しか見つけることができなかった。デュルンは「私」として生きている実感を持てなかったのである。デュルンがのぞき込もうとした鏡、それは何だったのだろうか。ハリウッド映画か、それともテレビドラマか？デュルンが抱いていた苦しみは、極右政党を支持する者たちと同じ類のものだ。「フランス人」というフィクションに固執する人々に、フィクションであると指摘しても無駄である。問題は客観性やエビデンスの有無ではない。欲望なのである。

4　六八年五月と資本主義の新しい精神

芸術家的批判

かつてTシャツを着ることが社会への意志表示になった時代があった。欲望の解放が体制へのカウンターになりえると信じられた時代だ。その変革への機運は、一九六八年五月という象徴的な日付を持っている。

確かに、一九六八年五月にパリで起こった大規模な反体制運動を契機として、資本主義は変わった。ボルタンスキーとシャペロは『資本主義の新しい精神』において「一九六八年五月は資本主義の新しい精神を準備した」と述べた。彼らは六八年五月に行われた批判のうち、とくに芸術家的批判が資本主義の新しい精神の起源になったと主張する。

この資本主義の新しい精神は、第一のプロテスタンティズムの倫理、第二の福祉国家（実際はフォーディズム）に続く第三の精神である。(24) フォーディズムにおいて消費者のプロレタリア化を招いた資本主義は、六八年五月に学生たちから苛烈な芸術家的批判を浴びた。しかし当初資本主義に対抗して行われた芸術家的批判は、その後、資本主義の新たな精神の萌芽として取り込まれた。それは資本主義が新たなステージに上がるためのいわば踏み台となったのだ。

芸術家的批判とは何か。それは知識人や芸術家に担われた、創造性や性的解放、個人的生活の真正性、感情生活および労働における自律性などを主眼とする批判であり、当初はさしたる影響力もなく周縁的な役割しか果たしてこなかった。しかし五月革命において芸術家的批判は異議申し立ての中心に置かれることとなる。その主導者は一九四六年と比べると五倍近く増加した学生たちであり、彼らは自律的で創造的な職を得る希望がなくなりつつあることに危機感をおぼえていた。

学生たちによる資本主義批判は、労働における自律性の喪失、創造性の不在、非真正性、家父長主義や権威主義による抑圧を告発した。(25) 芸術家的批判の主題を受け継ぐこれらの批判は、新世代の学生や管理職層の期待と不安を代弁するものだったのである。

自律的で柔軟な労働

資本主義は芸術家的批判に応答することによって進化した。たとえば自律性の実現はフルタイムで無期限な職という安全と引き換えになされた。フレックスタイム制などの個人化された特権は一部の労働者の支持を得た一方、労働条件と報酬を個人化することで経営者に主導権を回復させることにもつながった。[26] こうして自律性の要求は、可動性と適応可能性という美徳を称賛する資本主義の新たな精神に道を開いた。[27] もはや自律性は可能性や権利として提示されているだけでなく、人々に要求されているのだ。

かつて労働者たちは共同体の暦やリズムから切り離され、代わりに計画可能で直線的な時間を内面化するよう強いられた。しかし現代の労働組織は硬直よりも柔軟さを求め、フレックスタイム制と呼ばれる変則的な時間管理を試みている。それは毎月の勤務日が変わらない固定シフトに代わって、個人によって異なる働き方が可能なスケジュールを組み立てる。また非効率な空き時間や従業員が不在の時間をなくし、需要状況に柔軟に対応するジャストインタイム生産を採用することが「経済的」だとされる。このように生産性の向上を可能にする時間エコノミーは、今日では労働時間のフレキシブル化を通して実現される。もはやタイムレコーダーによる時間管理は時代遅れのものとなったのである。

また、先に資本主義的時間エコノミーの労働者への影響として、「労働と余暇が時間的・空間的にはっきりと分離すること」を挙げたが、現代の資本主義社会において労働と余暇は截然と区切られていない。たとえば職場の同僚と夜にボーリングをすることによって重要な情報を得たり、プライベートで生

(24) MD3, p. 18.
(25) ボルタンスキー&シャペロ 2013：二四七―二四八頁。
(26) ボルタンスキー&シャペロ 2013：二七七頁。
(27) ボルタンスキー&シャペロ 2013：二九一頁。

涯教育に励むことによって自身の雇用可能性を高めたり、ウェルネス・セラピーで自らの能率性と心の喜びを高めたりする者は、労働と余暇が截然と区切られていない時空間を生きている[28]。今となっては労働と余暇を区切るどころか、いまだ合理化がなされていない生活世界の諸領域が生産や分配、消費のさらなる加速のために浸食されている。

余暇は短縮し断片化する。その結果、労働から解放された時間はテレビなどの手軽な娯楽にあてられる。労働時間が余暇を侵食するにつれて、予習も復習も必要とせず、短時間に享受できる娯楽が好まれるようになるのだ。断片的で間欠的な余暇は、アテンションを育んだり、特異な「私」と向きあったりするようなオティウムではありえない[29]。

真正さへの要求

芸術家的批判は、機械化とそれによる大量生産、その帰結としての大衆化を「非真正さ」として批判した。非真正さとは、「個」であることを放棄し総統の権力に身を委ねたドイツ人たちや、画一化された大量生産品をただ消費するだけの大衆に象徴される[30]。資本主義はこの非真正さへの批判を新たな需要として受け入れた。ビジネスマンたちはこの批判が表明する需要に耳を傾け、それを満足させうる製品やサービスを提供しようと試みた。これらはきわめて差異化されていたため、商品市場における大衆化の印象は減少するようになった。つまるところ、真正さの要求は商品とサービスの多様化をもたらしたのだ。

その結果、芸術家的批判が求めた創造性は、利潤の源泉となる真正性の鉱脈――まだ商品化されていない人材、風景、飲食店、嗜好など――を掘り当てること、大衆の欲望を予測する能力として理解される。つまりはマーケティングだ。いまや創造性とは芸術家だけの特権ではなく「真正」な商品やサービ

(28) ローザ 2022：二一七頁。
(29) ハルムート・ローザは『加速する社会』のなかで時間使用のデータと生活の質にかんする調査をとりあげ、回答者たちはテレビ視聴をすべての余暇活動の中で最も価値の低いものだと見なしているにもかかわらず、自由時間はもっぱらテレビの視聴に費やしている点に注目する（ローザ 2022：一七二頁）。
テレビ視聴にこれほど多くの時間を費やす理由として、第一に、テレビ視聴は最小限の心的・身体的エネルギー消費しか必要としないことが挙げられる。第二の理由として、テレビ視聴は断片的な余暇や細切れになった休憩時間でも楽しめる点が挙げられる。テレビ視聴とは余暇時間の短縮化、断片化に適合した娯楽なのである。そのため反対に、自由時間があまり断片化されておらずまとまった時間の取れる休暇期間には、テレビ視聴時間が顕著に減少することが報告されている（同前）。そして容易に推察されるように、現代ではスマートフォンがこのテレビの役割をより洗練された形で遂行し、そのシェアを奪取しつつある。

しかし「即席の満足感」に時間が費やされることは、多量ないし長期的な時間とエネルギーの投資を必要とする活動の時間が減少することを意味する（ローザ 2022：一七五頁）。たとえばわれわれは、楽器の練習やダンスのレッスン、小説の執筆に、（収入を得る以外の）高い価値を認めていたとしても、結局テレビのリモコンに手を伸ばしバラエティ番組を視聴したり、スマートフォンに手を伸ばしＳＮＳやまとめサイトやYoutubeの切り抜き動画を視聴したりしてしまう。長い期間、持続的に多くのエネルギーを割くことを要求する活動に従事することは、余暇が断片化した現代にあってきわめて困難になっているのだ。
(30) ボルタンスキー&シャペロ 2013：二〇〇頁。

スを提供するビジネスマンにとっても必須の資質となったのである。[31]

しかしスティグレールは、『資本主義の新しい精神』は資本主義の第二期（フォーディズム）においてもっとも重要な特徴となった消費の問い、すなわち欲望の問いを検討していないと批判する。[32] ボルタンスキーらは資本主義が特異性への欲望に対応していると信じているが、実際には欲望の問いは放棄されているのだ。彼らにとって欲望の問いは周縁的なものであり、それは彼らが芸術的批判の意味を十分に問うことがないことにつながっている。

資本主義による特異性への対応はおもに顧客のパーソナライゼーションによって遂行されるが、それは「特異性」を属性の束である「特殊性」に還元することによって、むしろ全般的プロレタリア化をもたらしている。[33] 特殊性とは、〇〇の出身であり、〇〇という題の書籍を購入し、〇〇という政策に賛成した人というふうに、属性の組み合わせで構築される。そのためパーソナライゼーションによって消費者の性別、年齢、職業、趣味、健康状態といった特徴や購買履歴が事細かに記録され、それをもとに情報やサービスが提供されるようになると特殊な欲望は満たされる。しかしそこで人間は男性、中年、父、会社員といったデータに還元されてしまう。もはや人間は「個人＝不－可分（in-dividu）」ではなく、分割可能なデータや数値の束でしかない。「これがドゥルーズとガタリが言うところの個（individus）が「可分存在（dividuels）」となる脱個体化」である。[34]

つまり、パーソナライゼーションは他の誰とも違う「私」への欲望を満たすものではないのだ。資本主義の新しい精神は、特異な「私」の欲望を満たすかわりに、特殊な「私」の欲望に応える。プロレタリア化は抑圧とは感じられず、消費を促進する手段はより巧妙になっていく。というのも、それは欲望を満たすために行われる身体的・知的動作を自動化するからだ。六八年五月革命が資本主義的に洗練されることによって、ビッグデータを活用しアルゴリズムによって統治する、自動社会が到来することになる。果たしてそれは、特異な「私」の欲望を満たしてくれる社会なのだろうか?

本章のまとめ

資本主義の精神は、貯蓄を好み自己を規律するプロテスタントの姿勢から宗教心が抜け落ちたことによって生まれた。労働する行為そのものが富をもたらす好ましい行為と見なされる。そのとき、時間は浪費を避け、うまくやりくりする対象となる。それによって、自己の特異性と向きあう余暇、オティウムが徐々に失われていった。

テイラーが開発した科学的管理法は、熟練労働者の作業を単純な労働過程に分解することで、機械に労働者のノウハウを外在化した。それによって、制作するプロセスで培われる制作知が失われることになった。また、工場で大量生産された商品は、ハリウッド映画や広告によって欲望を喚起することで大

(31) ボルタンスキー&シャペロ 2013：二〇六頁。
(32) MD3, p. 37.
(33) MD3, p. 39.
(34) MS1, p. 124. 邦訳一四五頁。

量に消費されることになる。そのとき、消費者は暮らしにかんする生活知を、映画やテレビから内在化することになる。プロレタリア化は労働だけの問題ではない。それは労働から解放された余暇にまで浸食している。その結果、個体化を育むと同時に個体化によって育まれる、制作知や生活知が失われることとなった。以上から、スティグレールは現代を全般的プロレタリア化の時代と呼ぶ。

六八年五月革命は、自律性や創造性を失った労働や、画一的な消費社会を批判した。それは芸術家的批判と呼ばれる類のものだった。しかし資本主義はその批判さえもニーズとして取り入れ進化した。たとえば労働の自律性の要求に対してはフレックスタイム制で、消費による画一化の批判に対しては多品種少量生産で応えた。その結果、芸術家的批判が求めた創造性は、大衆のニーズを予測する「クリエイティブ」な能力として理解される。もはや欲望の解放は資本主義の批判たりえないのである。

第7章　自動化する社会

二〇世紀の社会で覇権を握ってきたマスメディア・パラダイムは、情報の一極集中と一斉拡散をその特徴とする。[1] それはいわゆるラジオ放送やテレビ放送だけでなく、映画や新聞もふくめたマスメディアに共通に認められるコミュニケーション・パターンを有する。少数の専門家集団が頂点から同一の情報を拡散し、それを受けとる円周部分の人々は均質化し大衆（mass）となる[2]（**図9**）。新聞、映画、ラジオ、テレビと、マスメディア・パラダイムの主導権を握る技術がいかに変化しようとも、コミュニケーショ

(1)　大黒 2010：一五一頁。

(2)　また、この円錐的コミュニケーション・パターンの特徴として、情報を拡散する頻度が定期的なため社会にリズムを生み出し新たな暦となることも挙げられる。「すべてのテレビ局は、暦をコントロールする力によって信頼される」（ASN, p. 26. 邦訳四四頁）。文化産業としてのテレビは、番組という「図」だけでなく番組表という「地」に組み込まれているからこそ機能するのである。

ン・パターンは同型のままだった。

前章で確認したように、スティグレールの文化産業批判もまたマスメディア・パラダイムを前提とする。ラジオやテレビが時間対象を大量に拡散し、大量の意識がそれにシンクロする。その結果、「私」として個体化するディアクロニゼーションの機会が失われる。時間対象を利用したマスメディアによる大衆化は、民主主義（démocratie）を内側から脅かすものとして遠隔支配（télécratie）と呼ばれる。(3)

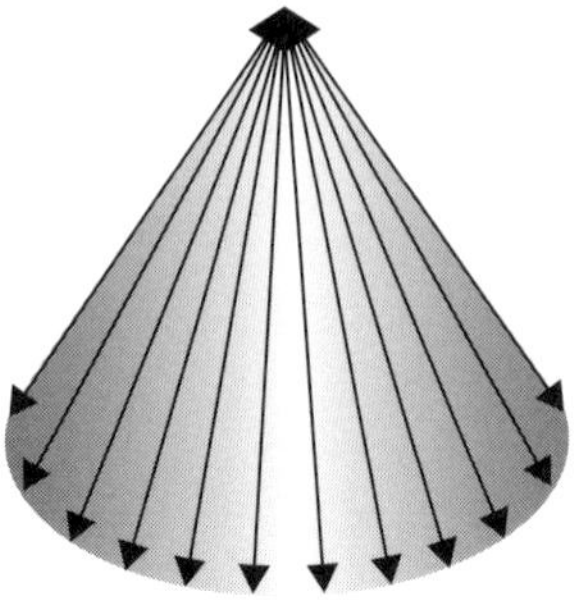

図9　マスメディア・パラダイム
（大黒 2010，151頁）

しかしインターネットの急速な普及は、コミュニケーション・パターンそれ自体を変えた。ネットワークメディアのパラダイムは、マスメディアのように同一の情報がひとつの頂点（たとえば放送局）から下方の周縁部（大衆）へと一方的に注がれる、というパターンをとらない。そこでは雑多な情報がばらばらな方向に、同時並行的に交差する。だがそれは単に無秩序なわけではない。情報の流通は、ユーザーの使い勝手がいいようにある程度制御される。この制御はマスメディアのように少数の専門家集団が担っているのではない。アルゴリズムによって自動化されている。それが本章のテーマである。

1　ビッグデータと夢の在庫化

人間の歴史は外在化の歴史である。後期旧石器時代にラスコー洞窟に描かれた壁画は心の中のイメージを外在化したものだ。声は文字へと外在化され、職人の身振りは機械へと外在化され自動化された。音と光はレコードや写真といったアナログの記録テクノロジーに外在化された。そして現在、個々人の行動や社会関係の痕跡は二進数的にコード化され、計算可能なかたちでインターフェースやセンサーなどのデバイスに外在化された。(4)

この外在化の最新段階において、統治はもはやマスメディアがアナログ・テクノロジーを利用して主導するものではない。人々によって自ずから生成され公開されたデータがデータベースへと格納されることによって、統治は「自動的」に行われる。この自動社会における統治の性質について、ルヴロワとバーンズは「アルゴリズム的統治性(Gouvernementalité Algorithmique)」と名付け分析している。

アルゴリズム的統治性の第一段階はフィルタリングされていない大量の生データ(raw data)の収集と自動保存からなる。政府は安全保障や資源管理などのために、民間企業は販売効率を向上させ利益を得るために大量のデータを収集する。(5) いわゆる「ビッグデータ」だ。SNSやネットショッピングなどで共有されたデータはすべてデータ貯蔵庫に保存され、インターネットに接続された世界中のどのコン

(3) TD, p. 35.
(4) SA1, p. 42.
(5) Rouvroy and Berns 2013, p. 196.

ピューターからいつでもアクセス可能な状態に置かれる。[6]

現在、データ化の触手は睡眠中の夢にまで伸びている。スティグレールは二〇一三年に『サイエンス』誌のオンライン版に掲載された論文を取り上げ、睡眠中の夢が解読されつつあることを紹介している。[7]磁気共鳴機能画像法（functional magnetic resonance imaging, fMRI）による脳の活動部位の画像化と被験者による夢内容の報告とを組み合わせ、それを機械学習させることによって、脳活動の測定値から睡眠導入期の視覚イメージの内容が予測可能になる。脳神経の計測によって、きわめてプライベートな性質を持つ夢の内容を解読し予測することが可能となるのだ。

覚醒中の行動履歴だけでなく睡眠中の夢にまで解析の手が及ぶことにより、顧客のプロフィール作成はより精緻なものになるだろう。顧客がバカンスの夢を見ると、翌朝スマホには飛行機のチケットとリゾートホテルの広告が表示されるようになるかもしれない。反対に、顧客の夢に広告を流すことができるようになるかもしれない。スティグレールはこの事態を踏まえて、夢までもがハイデガーの言う「在庫（Bestand）」になってしまう、と指摘する。[8]

以上のように、ビッグデータを活用するアルゴリズムによる統治は、覚醒中のコミュニケーションや生体情報だけでなく、睡眠中の夢までもデータとして徴用する。比喩ではなく「二四時間資本主義」は実現しつつあるのだ。だがその統治のあり方は、天から監視する神の眼ではなくデジタル上の蜘蛛の巣にたとえられる。どういうことか。

2　デジタル上の蜘蛛の巣

アルゴリズム的統治性は、「現実」と同値とされるデータの収集、そしてデータ間の関係可能性の計算によって私たちを統治する。たとえばＳＮＳへの投稿やスマホに記録された行動履歴、ＧＰＳの位置

（6）　しかし、たとえばYouTubeの動画やTwitterでのつぶやき、Instagramの画像などは構造化されておらず従来のデータベースでは扱えない。このように、「ビッグデータ」と呼ばれるデータの大半は構造が未定義のために関係データベースに格納できないいわゆる「非構造化データ」である。そのため非構造化データの格納・分析・クエリ処理を可能とするNoSQLデータベースの開発が強く要請された。

そしてデータの構造が定まっていないことは、収集されたデータの使い道が事前には明確に定まっていないことを意味する。この収集の最終目的、つまりそのデータが他のデータと関連づけられたときにどのような役割を果たすかについての予測はなく、目標は排除されるか少なくとも隠蔽される。また主体の関与は最小化され、情報共有に必要とされる同意も最小化され、あらゆる意図は排除される。データ収集の目的はデータマイニングによって事後的に発見されるのだ。大黒が指摘するように、「一体データが何に使われるのかわからない」という不安は、ビッグデータの本質にかかわる事柄なのである（大黒 2016：八八―八九頁）。

（7）　SA1, p. 145.

（8）　ibid.　夢とは覚醒中に知覚したものと遠い過去の諸要素（第二次過去把持）とが編集され上映された内なる映画だと考えられる。カーは、夢とはその日の経験の諸側面あるいは遠い過去の諸要素がランダムに組み合わされ活性化されているように見えるけれども、実際は精神が無数の記憶を一体性ある表象へと固定化する作業の、土台となる活動かもしれないと推測する（Carr 2010, p. 190.　邦訳二六二頁）。

情報、ウェアラブル端末に記録された身体に関するデータなどの相関可能性から、次の行動をある程度予測することができる。

このように、アルゴリズム的統治性の活動領域は現在ではなく未来にある。[9] その目的は平均に合わないものを排除することではなく予測することにある。たとえば収集されたデータの相関関係から、ある個人に似た人々（○○の出身であり、○○という題の書籍を購入し、○○という政策に賛成した人々）が次に何の本を買うのか、休暇にどこに行くのか、どのような政治活動に身を投じるのかについての確率的な予測がはじき出される。東浩紀が指摘するように、そこでは個人についての判断が、それぞれの個人の固有性に触れることなく所属する群れの特性をもとに決定されてしまう。[10]

そのため、ヴァージニア・ユーバンクスは、旧来型の監視システムが天からわれわれを見張る神の眼のようなものだとすれば、アルゴリズムによる新しい監視システムはデジタル上のクモの巣のようなものだと表現する。[11] 盗聴、写真撮影、尾行などの旧来型の監視テクニックは、監視を始める前にまず対象者が特定されていなければならなかった。他方、アルゴリズムによる監視において監視対象はあらかじめ定まっておらず、「○○の出身であり、○○という題の書籍を購入し、○○という政策に賛成した人々」といったデータから浮かび上がってくる。対象人物の特定は情報収集の後になされるのだ。単純化して言うと、旧来型の監視システムは怪しい人物を特定してから情報を収集するのに対し、アルゴリズムによる監視システムは、情報を収集することによって怪しい人物を可能性としてあらかじめ特定するのである。

したがって、アルゴリズム的統治性において現実は可能性の領域と見なされ、規範の目的は可能性を正しく予測することになる。ここで言われている「規範」と法的な言説における「規範」との違いに注意しよう。後者は議論され公的に設定されることによって個々人の行動を制約するが、そこには制裁のリスクを冒して従わない可能性も維持されている（法律の存在を知っていても、それを破ることはできる）。しかしアルゴリズムによる統治において、「規範」はリアルタイムで収集されたデータに基づいているためつねに流動的で可塑的であり、決して事前に確定されることはない。(12)

以上のように、アルゴリズム的統治性は平均や規範からの逸脱を非難したりはしない。ユーザーは企業が構築したプロフィールへの同一化を強制されるわけではないのだ。したがってアルゴリズムによる統治下において私たちは平均や規範への強制的同一化からは解放されている。それではいったい、アル

（9） Rouvroy and Berns 2013, p. 182.

（10） 東 2022：九二頁。またキャシー・オニールは、ビッグデータ分析による評価で使用されるのはあくまで代理データであり、そこでは「あなたは過去にどのような行動をとったのか」という質問が「あなたに似ている人々は過去にどのような行動をとったのか」という質問によって置き換えられていると指摘している（オニール 2018：二一七―二一八頁）。名前や住所、年齢、資産といった個人情報は誰もがアクセスできるわけではないため、「分析者は、あなたを探すかわりに、「あなたに似ている人々」についての計算を行うことになる」（東 2023：二二八―二二九頁）。

（11） ユーバンクス 2021：一五九頁。

（12） Rouvroy and Berns 2013, p. 183.

3　アルゴリズムによる統治の何が問題なのか

「われわれ」の自動化

アルゴリズム的統治性は人間の意図や解釈を経由せず、あくまで計算から導き出された予測に従う。それは先入観や偏見から解放された、中立で公平な統治を可能にすると期待される。しかし、膨大なデータを処理する機械にしたがうとき、私たちは人間を超えた機械に支配されているのではなく、人間が過去に設定した隠された仮説に支配されているだけなのだ[13]。

具体例を挙げよう。アメリカ・ウィスコンシン州は二〇一二年、犯罪者管理の支援ツールとして、Northpointe社が開発した再犯リスク予測プログラムであるCOMPASの利用を開始した。だがCOMPASは、黒人の被告人には実際のケースよりも高い再犯リスクを推定する一方で、白人の被告人には実際よりも低いリスクを推定することがアメリカの非営利・独立系の報道機関であるPropublicaによって暴露された[14]。このアルゴリズムは、過去のデータに基づいて訓練されたために過去の人間のバイアスを再現し、それを増大させてしまったと推測されている。

つまりアルゴリズムは完璧ではないのだ。数学を用いて物質的世界からより純粋な形式を抽象しようとこころみるＡＩや、それに関連する科学と技術の「思想」は、プラトンにまで遡ることができるだろう。AIのアルゴリズムは現象の世界から形式を引き出すプラトン的な機械なのである。[15] そのとき、現実からの抽象はけっして中立的なものではなく、また抽象されたものそれ自体が現実にとってかわるわけではない。たとえばプログラミングの選択、データの選定、機能の測定基準に先入観や偏見は組み込まれている。地図が土地そのものではないことと同様に、アルゴリズムは何らかの選択の結果なのである。[16]

もちろんアルゴリズムのバイアスは修正可能である。実際、学習するデータセットから有害なコンテンツを検出してラベル付けする作業が人力で行われている。問題は、アルゴリズムが差別的なテキストや再犯予測を生み出すことではない。問われるべきは、アルゴリズムが公平ではないこと、正義にもとることだけでなく、そもそも公平とは何か、正義とは何か、なぜバイアスは悪なのか、という点だ。アルゴリズムはあくまで数えたり測定したりできるデータを糧とする。他方、公平や正義とは概念である

(13) 森田 2021：二一七頁。
(14) COMPAS によるリスク判定には勾留時に被告に渡される一三七項目の質問紙が使用され、人種は変数として使用されていない。それにもかかわらず人種間格差が明らかになった経緯については、前田 2021 参照。
(15) クーケルバーグ 2020：二二頁。
(16) またギテルマンとジャクソンは、「生データ」という言葉が、しばしば、データは透明であり、真実そのものであるという思い込みにつながることを指摘している (Gitelman and Jackson 2013, p. 2)。データはただ存在するのではなく生成されなければならない。それは知識生産の操作から生み出されたものであり、したがって「生データ」という言葉は矛盾した表現 (Oxymoron) である。

ため数値によって測定しようがなく、定量化は難しい。それらは哲学者や技術開発者、政治家だけでなく市民全体で議論し吟味しなければならない問題なのである。そもそも「差別は悪いことだ」という規範が共有されていない社会で、アルゴリズムによる差別を批判することはできない。

しかしアルゴリズム的統治性は、決定したり仲裁したりする機会から人間を切り離し、公的な議論を計算に置き換える。(17) たとえばユーバンクスが指摘するように、デジタル上で人々を追跡し、決定を自動化しコンピューターに任せるシステムは、大衆の目から貧困を隠し非人間的な決定を免除する。その非人間的な決定とは、誰が食糧を手に入れ誰が飢えるのか、誰が住宅を与えられ誰がホームレスのままでいるのか、そしてどの家庭が州の権限により離散させられるのかという選択である。(18) これらの点について、「われわれ」は議論し決定しなくてよい。アルゴリズムが対象を特定し、ふさわしい対策を提案してくれるからだ。

したがって、アルゴリズム的統治性の問題とは、私たちが生きるうえでなぜバイアスや差別は悪いのか、貧困に陥っている人にどのような対策を講じるべきかといった、「われわれ」にかんする議論と決定を自動化してしまうところにある。さらにSNSのプラットフォームにおいては、そもそもどのような「われわれ」を形成するのかも自動化されている。たとえばFacebookは、利用者のタイムラインにどのような記事を表示し、どの友人の投稿を表示するかを利用者ひとりひとりに合わせて最適化する。「エッジランク」と呼ばれるこの技術は、利用者の人間関係や過去の検索履歴から、どのユーザーの投稿を表示するか／しないかをコントロールする。アルゴリズムは、「われわれ」の意思決定だけでなく

「われわれ」の形成さえも自動化するのである。いわゆる「分断」は、その帰結なのだ(19)。

「私」の自動化

アルゴリズム的統治性が肩代わりするのは「われわれ」だけではない。「私」の熟考や反省、決断もまた自動化される。たとえば消費者の好みに合わせたマーケティングを行うスマートマーケティングについて、Google の元ＣＥＯエリック・シュミットは次のように述べた。

> 私たちは、あなたが誰であるかをおおよそ知っています。私たちは、あなたが誰であるか、あなたが何に関心があるか、あなたの友人が誰であるかをおおよそ知っています。テクノロジーが発達すれば、あなたがある意味で自分のために作られたものでないものを見たり消費したりすることは難しくなるでしょう(20)。

---

(17) Rouvroy and Berns 2013, p. 183. SA1, p. 208.

(18) ユーバンクス 2021：二二二頁。

(19) 実証的な証拠はまだ乏しいが、ソーシャルメディア上での情報キャンペーンが、選挙結果の正当性や公的機関などへの信頼に悪影響を及ぼす点が懸念されている（United Nations 2021）。ただし、ソーシャルメディアに公平を期すために付言しておくと、政府がソーシャルメディアを活用して市民に情報を提供し、サービスへのアクセスを促進することで、政府の透明性に対する市民の認識を向上させることも可能である。

(20) Rouvroy and Berns 2013, p. 176. 傍点筆者。

このような個別化(individualization)は、消費者へのオファーの細分化や柔軟性によって実現される。その目的は個人の自発的な欲求に合わせてオファーを調整することではなく、むしろ、販売戦略を各人のプロフィールに合わせて調整することによって欲求をオファーに適合させることにある。

たとえばネット通販やプラットフォーム企業のデータベースを利用すれば個人のモデルがほぼ自動的に構築できるが、それはともすれば本人の自己理解よりも正確に機能しかねない。顧客の購買履歴その他から顧客のプロフィールを自動作成し、それをもとにさらなる購買行動をシミュレートし、実際の行動に先回りして新商品を提案することによって、逆に顧客のほうが構築したプロフィールを模倣する振る舞いを示すようになるかもしれない[21]。

したがって、アルゴリズム的統治性においてユーザーはデータ化の「素材」であると同時に、データ解析による予測に従って行動する「アクター」でもある。それはすなわち、データ解析の妥当性をユーザーが自己実現してしまうことを意味する。ここで「アクター」とは反省的な主体を意味しない。アルゴリズム的統治性において重要なのはあくまで生データであり、「私」による反省や熟考はむしろ回避される[22]。それは「私」を訓練するのではなく、流れてくる情報に反射的に反応し、データを供給し続けるよう誘導する。そのとき人間は、あたかも与えられた規則を遵守するだけの機械となったようだ[23]。

このように、ビッグデータを活用したアルゴリズムによる統治は、過去を記憶し未来を予測するという人間の時間意識の働きそのものを自動化する[24]。そのとき人間は、過去の記憶だけでなく、未来を予測する能力も外在化している。たとえば私たちは文章を読むとき、読んだばかりのものを把持するワーキングメモリや記憶の蓄積である長期記憶などから次に読む単語を予測するが、スマートフォンの予測変換はそれを自動化する。[25] 最適なものを自動的に予想する「スマート」さ、これこそまさにアルゴリズム的統治性が目指すものだ。

しかし、ルヴロワらは技術にまったく依存しない自律的で主体的な個人を擁護しているわけではない。そうではなく、彼らの論文の副題にあるように「関係を通した個体化の条件としてのちぐはぐさ（disparate）」を取り戻すことが彼女らの課題なのである。アルゴリズム的統治性が批判されるのは、あらゆる形態の不一致（disparité）を排除し個々人の関係をモノローグ化してしまうからである。[26]

（21）稲葉 2022：二〇〇頁。
（22）Rouvroy and Berns 2013, pp. 173–174.
（23）ヒューバート・ドレイファスはすでに半世紀前に、コンピューターが人間に近づくよりもむしろ人間がコンピューターに近づいていく未来の危険性を説いた。人間を超える知能を持つ機械の出現ではなく、人間の知性が機械のようにしか作動しなくなることをこそ恐れるべきだと語ったのだ（森田 2021：二一一―二一二頁）。人間の機械化が進みつつある現代において、チューリング・マシンをモデルに人間の認知を解き明かそうとした認知主義は勝利したのかもしれない。それは椅子に座り、机に向かい、鉛筆を持ち、紙の上に数式を書くことによって進歩してきた知の歴史の消滅をも意味するだろう。
（24）SA1, p. 111.
（25）ウルフ 2020：五三―五四頁。
（26）Rouvroy and Berns 2013, p. 193.

スティグレールもまた、アルゴリズムによる自動化がちぐはぐさを解消してしまうと指摘している。ここで「ちぐはぐさ（disparate）」とはシモンドンに由来する言葉である。両眼にうつる網膜像が互いに異なっていることを網膜像差（disparation）と呼ぶが、この差異によってどちらの眼にもない奥行という新しい次元が生まれる。つまりちぐはぐさとは、個体同士が異なっているからこそ、両者が結びついたときに新しい何かが創造される条件なのである。それはスティグレールの術語で言い直すと、シンクロニゼーションとディアクロニゼーションの共立関係になるだろう。アルゴリズム的統治性において賭けられているのはシンクロニゼーションとディアクロニゼーションのあいだの永続的な揺れ動き、準安定的な平衡状態の破壊なのである。[27]

これまで繰り返し見てきたように、人間は「われわれ」へとシンクロすることと、「私」へと差異化する傾向を保持している。「私」は「われわれ」にシンクロしつつも「私」の特異性は決して失われない。シンクロはあくまでちぐはぐ（disparate）なままにとどまる。このような準安定的な平衡状態においてこそ、新しい何かを創造するポテンシャルが秘められている。

ビッグデータを活用したアルゴリズムによる統治は、「われわれ」と「私」を自動化することで、異質な者同士が寄り集まるちぐはぐな共同性とそこからの個体化をあらかじめ排除してしまう。そして未来を最適化するその技術は、人間を制作知、生活知だけでなく理論知からも切り離す。

理論の終焉、第三のプロレタリア化

アルゴリズムにおける客観性を疑わず、複雑な問題も訓練データとパラメータ数を増やせば解決できるという考え方は理論さえも不要にする。たとえばクリス・アンダーソンは、データの洪水によって科学的方法は時代遅れになり理論の終焉（End of Theory）が訪れると予言した[28]。データとそれを処理するシステムの性能が向上すれば問題は解決する。世界の仕組みについての理論を組み立てるにあたって、人間の作業は必要ない。

アンダーソンが想像するのは、大量のデータと応用数学が他のあらゆる手段に取って代わる世界だ。言語学から社会学に至るまで、人間の行動に関するあらゆる理論が排除される。人がなぜそのような行動をとるのか、わからなくても構わない。重要なのは彼らがそうしているということであり、私たちはそれをかつてないほど忠実に追跡し、測定することができる。十分なデータがあれば、数字が物語る。

二〇〇八年に発表されたこの予言は、集積回路の速度や価格の指数関数的な改善により、的中しつつあると言えるかもしれない。スティグレールはこの事態を新しい知の喪失、プロレタリア化だと考える。これまで見てきたように、十九世紀の機械化によって労働者は制作知を失った。二十世紀の高度消費社会において消費者は生活知を失った。二十一世紀のわれわれは、理論知（savoirs théoriques）が失われる

(27) SA1, p. 207.
(28) Anderson 2008.

図 10　*The Economist*, September 10-16, 2014

時代の幕開けを目の当たりにしているのである。デジタル技術が可能にした完全な自動化によって、理論は時代遅れだとみなされる。少なくともクリス・アンダーソンはそう語っている。

理論知の喪失、それは学者、知識人、政策立案者たちが真理を保証する者としての知を失ったことを意味する。いわゆるポスト・トゥルースとは、制作知、生活知、そして理論知さえも失った、絶対的な非知の徴候なのである。[29]

したがってポスト・トゥルースとはフェイクニュースに騙される大衆の愚かさが原因なのではない。そのためファクトチェックとメディア・リテラシーによる啓蒙活動によって解決できる問題ではない。それは資本主義と自動化による知の喪失の帰結なのである。

『技術と時間4』の副題は「ポスト・トゥルース時代における真理の試練」だと予告されていた。結局刊行はされなかったが、『技術と時間4』の一部として公表された原稿から内容を推測することができる。そこでスティグレールは、ハイデガーが「真理の歴史」について論じている点に着目している。ポスト・トゥルース的状況においてトゥルース（真理）の歴史を問うこと、それは安易な相対主義に逃げ込むことではなく、真理が試練に賭けられている現状を正しく認識する試みなのである。

ハイデガーはプラトンの『国家』第七巻において、真理の意味が変化したと指摘する。真理を意味するアレーテイアは、正確さを意味するオルトテースあるいはオモイオシスとして理解されるようになったのだ。しかしハイデガーは、真理の意味の変化がアルファベットという技術を通して準備されたことを見落としていた[30]。

つまり、真理の歴史は技術によって代補されているのだ。そして真理の歴史のポスト・トゥルース的段階とは、大量のデータの収集とデータマイニングを可能にする高性能なコンピューター技術の台頭というコンテクストにおいて生じた[31]。このコンテクストは、同時に、新たな真理の時代であるネガントロポセンの可能性を開くかもしれない、とスティグレールは言う[32]。ポスト・トゥルースとは、**図9**のように真理を支えていたヒエラルキー構造が解体され、真理の歴史が大きく動いている事態を指すのかもしれない。自動化とネットワーク化によって、真理は試練に賭けられているのだ。

このように、スティグレールは、あらゆる自動化を否定しているわけではない。なぜなら自動化とは毒にも薬にもなるファルマコンだからだ[33]。たとえばＡＩなどの自動化によって大幅な雇用の減少が予想されているが、スティグレールはむしろそこに労働の未来を見出す。自動化というファルマコンを毒か

(29) QP1, p. 335. ポスト・トゥルースとは、公共の意見を形成するさいに、客観的な事実よりも感情や個人的信念に訴えるほうが影響力のある状況を指す。
(30) N, p. 82.
(31) N, p. 81.
(32) N, p. 79.
(33) SA1, p. 107.

ら薬に転化するために真っ先に改革すべきは労働である。だからこそ『自動社会1』の副題は「労働の未来」なのである。

本章のまとめ

本章では、アルゴリズム的統治性を取り上げることで、現代のＡＩとビッグデータを活用した統治について考察した。アルゴリズム的統治性において、ＳＮＳ上のコミュニケーションや生体情報、そして夢さえもデータとして収集される。集められたデータはマーケティングや再犯予測、労働者の評価システムなどに活用される。そこで「統治」とは、個人を特定し規範の内面化を強いるのではなく、収集されたデータの相関関係からある個人に似た人々の未来について予測することを意味する。

アルゴリズム的統治性の問題とは、「われわれ」の議論や「私」の反省の契機が失われていることである。それは「われわれ」の中の「私」のちぐはぐさを排除し、個々人の関係をモノローグ化してしまう。「われわれ」に関する事柄について議論し決定すること、「私」がある出来事から事後的に学び反省すること。ビッグデータを活用した統治において、シンクロニゼーションとディアクロニゼーションとの共立が危機に陥っているのである。そしてそれは、第三のプロレタリア化である理論知の喪失をもたらしている。

しかし、スティグレールはＡＩやアルゴリズムによる自動化をすべて退けているわけではない。だいいち、ほとんどの人にとって集団での議論や意思決定は時間と労力がかかりすぎる。多忙な現代人にとって自動化は歓迎すべき事態だと言えるだろう。また断片化した余暇を効率的に楽しむためにも、自動化は積極的に求められるだろう。自動化を批判し、政治や文化活動に精を出すよう訴えるのはエリート主義にすぎない。

したがって、自動化による堕落を嘆くのではなく、むしろこの自動化を毒から薬に変える方法を考えなければならない。現代人は仕事で忙しすぎる。改革すべきは何よりもまず労働なのである。

第8章　雇用の終焉、労働万歳！

1　自動化による雇用の終焉？

カール・フレイらが二〇一三年に行った調査によると、一〇～二〇年以内にアメリカの労働人口の四七％、フランスでは五〇％が機械に代替されると予測される。スティグレールは二〇一三年にポンピドゥー・センターで行われた自動化についてのシンポジウム以降、この予測を真摯に受け止め、AIやロボットによる自動化が進む社会における雇用と労働の問題について考察を始めた[1]。それは後に、人新世における経済モデルへとつながることになる。

現代の自動化は、第一次産業革命のときに多くの職人が仕事を失ったように、中流層の機会を奪いつつある。その影響は広く深い。多くの労働者は低賃金の職に転じるか、さもなければ失業する。とくに影響の大きい地域では、税収が乏しくなることによって公的サービスが縮小され、健康状態は悪化する。

中所得の仕事がなくなってしまった地域では社会的移動性が大幅に低下し、上の階層へ上がる見込みはまずない。同じ問題は次の世代にも受け継がれるため、後々まで地域社会に禍根を残すことになりかねない。そうなると、成長の中心地から疎外され、絶望の地から抜け出せない自分たちの怒りを代弁してくれるポピュリスト政治家が台頭する。アメリカでもヨーロッパでも、自動化が進む地域ほどポピュリズムへの傾倒が強まっていることを多くの調査が示している[2]。

（1） 新しい技術が社会のあり方を、とくに労働者の生活を悪い方向に変えるという予想は目新しいものではない。産業革命以降、「人間の労働が機械に取って代わられるのではないか」という危惧は何度も浮上し消えていった。このように自動化により人間の労働が不要になる、という論調を批判するものとしてアーロン・ベナナフ『オートメーションと労働の未来』、グレイ&スリ『ゴーストワーク』参照。たとえばベナナフは、経済全体で雇用創出のペースが雇用破壊のペースを下回ってしまうのは急速な技術革新が原因ではないと指摘する。もしそうであれば生産性の伸び率の急速な上昇となって統計に表れるはずだからだ。実際には生産性の伸び率は上昇しておらずむしろ低下している。経済全体での労働需要低迷の真の原因は、製造業が衰退しそれに代わる成長エンジンが存在しないために、経済全体の成長率が低下していることなのだ、とベナナフは主張する（ベナナフ 2022: 九六―九七頁）。また、スティグレールはフレイらの論文が発表される前から雇用と労働について考察している。たとえば二〇〇六年に刊行された『民主主義に対する遠隔支配』では、すべての雇用が知の獲得と、その知を通した個体化を可能にしてくれるわけではないこと、現代において労働は雇用へと還元されてしまっていることが語られている（TD, pp. 243–244）。

（2） フレイ 2020: 三五―三七頁。低スキル労働者の賃金にかかっている下落圧力については、どのように計測しても、移民よりテクノロジーとグローバル化の影響の方が大きい。データによると、むしろ移民は低スキル労働者の賃金水準をさして圧迫することなく雇用とイノベーションを増やし、生産性を押し上げてきた（フレイ 2020: 四二頁）。

確かにこれまでの技術革新による労働生産性の向上は、人間の労働を機械に置き換えはしたが、所得の向上とそれによる消費・投資の増大により、雇用が減ることはなかった。[3] たとえば一世紀前の自動車産業では、機械化によって新しく生まれた組み立てラインの仕事は、複雑な業務を失業者でもこなせるほど単純なタスクに分解するものであったため、機械化によって職を失った者たちの雇用は確保された。それに対し、ここ三〇年もの間、テクノロジーの変化は大卒の資格を要さない仕事をほとんど生み出していないのである。[4]

したがって、資本主義の永遠の成長は、資源に限りがあるだけでなく雇用/購入、生産/消費というペアが破壊されるために不可能であるとスティグレールは主張する。[5] 雇用された労働者は商品を生産し、その見返りとして商品を購入するための賃金を得る。その賃金を使って余暇において商品を消費する。この消費がさらに雇用を促し……というサイクルが少なくともフォーディズム以降、資本主義社会を駆動してきた。しかし現代は自動化による雇用の減少に直面しており、サイクルを支える雇用と購買力の再分配はもはや不可能となる、とスティグレールは見る。というのも自動化による生産性の向上は雇用を促すどころか雇用を削減するのだが、その結果、給料をもらって働く人が激減する。それはつまり、売り手から財やサービスを買うことができる人が激減することを意味する。

フォーディズムにおいて購買力は資本家と労働者との共通の関心だった。[6] 資本家は商品を売るために、労働者は商品を買うために、購買力の分配は両者にとって死活問題だったのだ。したがってこれまで社会民主主義的言説の多くは労働者の給与の最大化をめざしていたが、それは「労働（travail）」それ自体ではなくあくまで「雇用（emploi）」について語っていたにすぎない。

現在生じている全般的な自動化は、「雇用」という普遍的に思われている制度への挑戦である。というのもそれは生産システムの持続可能性を保証する購買力と雇用、賃金の問いにかかわるからだ。[7] 多くの調査が示すように、自動化の時代には今後数十年で多くの仕事が消滅するだろうと予想される。だがスティグレールは「雇用を守ろう」と訴えるのではなく、むしろ「雇用の終焉」を旗印に、労働を政治、経済、知などの面から再検討する必要性を訴える。

現代は移行期にあり、それは生産のために資源を浪費し地球環境を破壊したり、商品を売るために消費者の欲望や不安を煽ったりするような社会から脱却する好機なのだ。この移行にリアリティを持たせるためには、雇用の終焉、そして労働という概念の再検討が要求される。

（3） 稲葉 2019：一四一頁。
（4） フレイ 2020：五四八頁。
（5） SA1, p. 155.
（6） SA1, p. 307.
（7） SA1, p. 173.

2　労働の解放、労働からの解放

雇用の終焉と労働の再検討にあたってスティグレールが参照するのはアンドレ・ゴルツの議論である。ゴルツはフランスのエコロジー思想の開拓者として知られる一方、「労働の終焉」という論争的な議論の担い手としても知られている。ゴルツは『労働のメタモルフォーズ』の冒頭でハンナ・アーレントを参照しつつ、現代のわれわれが従事する「労働」とは近代の発明であり、アーレントがいうような、私的領域にとどまり必要性に隷従する「労働（labor）」ではないと指摘する。現代の労働とは公的領域にまで広がっており、他者によって要求され、決められ、有用と認められ、そのことによって他者から報酬を受ける活動である(8)。

他方で、現代の労働はアーレントがいう真に人間的で複数的な「行為（action）」にもなりえていない(9)。というのも資本主義的合理化は宗教的・政治的な搾取からの解放をもたらしたが、それはまた別の形の搾取をもたらしたからだ。労働の合理化のためには労働コストを正確に計算し予測しなければならず、そのためには労働を労働者の個性や動機から切り離し、物理的な量として測定可能なものにしなければならない。その結果、労働はきわめて単調な作業だけが要求される、無限に取り換えのきく活動と化した(10)。このような近代以降の労働の両義性、解放と搾取のプロセスは、マルクスとアーレントにおける記述の揺れからも見てとることができる。

非人間的な労働から解放されるために、ゴルツが重視するのは労働時間の短縮である。それによって人間は必要性から隔たった安らぎを得ることができ、また労働の中での自律性を獲得することもできる。[11]自由時間の拡大によって労働や雇用がアイデンティティの唯一の源泉でなくなると、内心では馬鹿馬鹿しいと思っている仕事に従事したり、抑圧的な監視や上下関係に従ったりすることがなくなるだろう。労働時間の短縮という「労働からの解放」が「労働の中での解放」へとつながるのだ。[12]

しかしスティグレールは、労働時間の短縮は問題の根本的な解決にはならないとゴルツを批判する。というのも労働それ自体を解放しないかぎり、自由時間とは消費を促すための格好の標的でしかないからだ。[13]たとえばテレビの視聴時間と個人の幸福度は逆相関の関係にあることが多くの研究で明らかになっている。また、国や時代を問わず、働いている人は働いていない人より幸せな生活を送っていることがさまざまな調査で示されている。イアン・ゴールディンが指摘するように、「個人は仕事を通じて、所得だけでなく、存在意義、地位、スキル、ネットワーク、友情を手に入れる。所得と仕事を切り離し、

(8) ゴルツ 1997：二九頁。
(9) 行為とは、特異な「私」が、公的な世界で他の特異な「私」の前に現れることである。
(10) ゴルツ 1997：三九—四〇頁。
(11) ゴルツ 1997：一七四頁。
(12) ゴルツ 1997：一五九頁。
(13) SA1, pp. 318–319.

自宅にいる人に報酬を与えれば、社会腐敗の温床になる」[14]。

ゴールディンの議論は、UBI（ユニバーサル・ベーシックインカム）を批判している点からもわかるように、労働からの解放があらゆる問題を解決するわけではないことを指摘している。労働とは賃金を得ることだけでなく、自らの存在意義や他者とともに働く充実感を得る機会でもある。したがって現状の労働を前提に労働からの解放を訴えるのではなく、労働それ自体を解放しなければならないのだ。依然として問題は労働である。

3　ハッカー倫理による労働の再定義

労働の解放のためには、雇用から切り離された労働それ自体を理念的に抽出しなければならない。以下では本章と関連するかぎりで労働概念の変遷を確認する。

ハンナ・アーレント

ハンナ・アーレント（Hannah Arendt 1906~1975）は『人間の条件』で、人間の活動を「労働（labor）」「仕事（work）」「行為（action）」の三つに区分した[15]。労働とは食事や排泄のような生存維持のための活動であり、この点において人間と動物は区別されない。他方で仕事とは、自分の手や頭を使って耐久性のあるものを生産するという創造的な営みである。

このように西洋の多くの言語には働くことを意味する二つの系列が

あり、その起源は古代ギリシャにまで遡ることができる。古代ギリシャにおいて「ポノス」という言葉は苦痛を意味する「ペニア」から派生したものであり、「苦しむ」を意味するポネオマイという動詞からきた名詞である。一方で「エルゴン」という言葉はつくり上げるという動作を意味する「エルガゾマイ」という動詞からきた名詞である。[16] 古代ギリシャにおいて働くことは、ポノス＝苦痛、エルゴン＝生産のふたつの言葉で表現され、それは西洋の労働観に影響を与え続けた。

たとえばヘーゲルおよびマルクスの労働観にもこの二義性は受け継がれている。両者にとって労働とは生存を維持するための活動であると同時に、自然に対する積極的な働きかけであり生産活動でもある。労働が奉仕する目的とは生存や余暇だけでなく、何かを作ることでもありうる。アーレントが労働から区別した「仕事」だ。

さらに、マルクスの労働概念には社会性が本質的な契機として組み込まれている。労働とは基本的には単独で行われるのではなく、たとえ作業自体は単独で行われるとしてもその成果が他人と取引されるために、基本的には社会的な営みである。[17]「わたしたちは働きながら、自己の生存を維持するという労働の側面を実現する。あるいは仕事をしながら何らかの成果を世界に残すと同時に、他者にたいして自

（14） Goldin 2018.
（15） Arendt 1958.
（16） 中山 2023：一〇一―一一頁。
（17） 稲葉 2019：三四頁。

己の力を示し、他者からの評価を獲得するという活動の側面を実現している」[18]。

他方、ヘーゲルやマルクスは雇用を「賃金を受け取るために資本家から命じられた作業を行うこと」と定義する。それは働かなくては生きていけないという理由から生まれるものであるにもかかわらず、あくまで労働者の側から自発的に就労したと見なされる。そのため「資本主義経済における支配的な労働取引様式としての雇用とは、ある意味では奴隷制や奉公人の延長線上にあってそれを自由な契約によって組み替えようとしたもの」だと言われる[19]。

このように整理すると、スティグレールが雇用の終焉、労働の再興として何を言わんとしているのかがわかりやすくなる。アーレントは、労働を真に人間的で複数的な「行為」と区別し、必然性に支配された動物的な営為だと定義した。しかしすでに指摘したように、少なくとも近代以降の労働には、公的領域において他者と交流する「行為」や、耐久性のあるモノを制作する「仕事」が包含されている。労働とは「私」や「われわれ」の個体化をうながす、ネゲントロピー的プロセスなのである[20]。

労働が内包するこれらの契機は、すでにペッカ・ヒマネンの『ハッカー倫理』でも指摘されていた[21]。「ハッカー」とは、ウィルスを書いたり情報システムに侵入したりする迷惑な輩ではなく（それは「クラッカー」と呼ばれる）、ある内的論理を持つ集団をさす。その論理こそが「ハッカー倫理」であり、情報時代に一般化しつつある新しい労働倫理だとヒマネンは主張する。それは Linux のようなＯＳを創造した、一握りの熱狂的な集団の持つ論理である。

ヒマネンによると、ハッカー倫理はまずウェーバーが提起したプロテスタント的労働倫理と対立する。

後者は労働を義務ととらえ、余暇は労働のための充電期間だとされる。一方、ハッカーにとって労働は義務や苦役などではなく、情熱をもって真剣に取り組む「遊び」のようなものである[22]。したがって労働と余暇は区分されない。ハッカーを動かすのは自分の情熱を形にしたいという衝動であり、それを公開し共有することによって受ける尊敬である。したがってハッカーたちにとって金銭は目的ではなく手段でしかない[23]。

このように、ハッカー倫理とはプロテスタント的労働倫理とも資本主義社会を支えてきた企業的な価値観とも異なるが、まったく働かない無為や怠惰をよしとする価値観でもない。ハッカーは自分の情熱を形にしたいと望んでおり、そのためには努力をいとわない。また成果物を公開し他者と交流すること

(18) 中山 2023：一七頁。ここで中山の言う「活動」とは、アーレントにおける「行為 (action)」を指している。
(19) 稲葉 2019：一七六頁。
(20) Stiegler 2015a, p. 36.
(21) SA1, p. 380.
(22) そのため、ハッカー倫理はコンピューターやインターネットに関連する作業に限定されない。ハッカーは何をやってもたいていハッカーになる、とヒマネンは言う。それは職人気質のような、自分のやっていることを愛せるかどうかに関わっている。ハッカー的な態度は、音楽や科学、芸術の分野でも見られるだろう（ヒマネン 2001：二五頁）。
(23) ヒマネン 2001：三八頁。したがって白田秀彰が指摘するように、ハッカーは自分たちの仕事が「重大であり、必要である」という認識を持っているからこそ情熱をもって取り組むのであり、それが結果的に趣味として見られるか、それとも仕事として見られるかは、二次的な問題である（白田 2001：二八頁）。

も望んでいる。彼らは労働をアーレントが言う「仕事」や「行為」としてとらえているのだ。

たとえばヒマネンは、リナックスのプロジェクトでハッカーたちがせっかく創り出したものを囲い込むどころかどんどん他人に与えてしまうことを、人間の基本的な動機、すなわち他の人々とともに「われわれ」になり、そのなかで一目置かれる「彼」または「彼女」になり、そして誰かにとって特別な「私」になることへの欲望に基づいていると指摘している。[24] この欲望とはまさに心的かつ集合的個体化への欲望だ。雇用の終焉によって労働の脱プロレタリア化が可能になるためには、このハッカー倫理をハッカーだけでなく従来の労働倫理に代わるものとして磨き上げなければならない。

しかしハッカー倫理をそのまま現代社会に適用することはできない。そこには自動社会における新たなラッダイトの問題が横たわっている。

4 現代のラッダイトたち

蜂と蜂飼い

東浩紀は、ショシャナ・ズボフの『監視資本主義』を参照しつつ、監視資本主義において商品を生産し剰余価値を与えているのはＡＩであり、ユーザーは労働していない、と指摘する。[25] 産業資本主義における工場と比較すると、Google はいわばプラットフォームという牧場を開きユーザーという羊を飼っている、羊牧場と繊維工場をともに経営している資本家のようなものだ。[26] 個人情報という羊毛を集め、それを加工し製品をつくって販売する。ユーザーとは労働者ですらなく毛を刈り取られる羊なのである。

以上の分析は前章で参照したアルゴリズム的統治性とおおよそ平仄の合うものだと言える（東自身もルヴロワらの議論を参照している）。スティグレールもまたGoogleのようなプラットフォーム企業が蜂（ユーザー）を飼っており、そこから分泌される蜜（データ）によってマネタイズする点は認めている。プラットフォーム企業らはさまざまなサービスやデバイスを提供することで、蜂の巣を維持するよう尽力する。

しかし蜂は蜜を分泌するだけでなく、花粉を媒介し植物の再生産を助けもする。たとえばフリーソフトのように、個人の貢献が積み重なることによって集合的な成果が生まれることは蜂による受粉になぞらえることができる。[27] 事実、ハッカー倫理はパーソナル・コンピューターやインターネットを作り上げ

(24) ヒマネン 2001：六七―六八頁。
(25) 東 2023：二五〇頁。たとえばGoogleでは、かつて検索結果を向上させるためだけに使われていたデータがターゲティング広告を送るために利用されるようになった。このようにサービス向上以外の目的で用いられるこれらの行動データをズボフは「行動余剰」と呼ぶ（ズボフ 2021：八二頁）。Googleとユーザーとの互恵的な関係は、いまや他者の目的のためにユーザーの行動余剰を取り込むプロジェクトに隷属している。つまりユーザーはGoogleにとって商品ではなく、予測工場で原材料を抽出・没収される物にすぎない（ズボフ 2021：一〇四頁）。予測を生産し、それを原材料となったユーザーとは何の関係もない行動先物市場で販売することでプラットフォームは莫大な利益を得る。この体制が監視資本主義と言われる。
(26) 東、同前。
(27) SA1, p. 374.

普及させた要因のひとつであり、さらにその価値観はLinuxやApacheなどの高品質なOSやフリーソフトをも生みだした。ユーザーは原材料（蜜）となるだけでなく花粉を媒介することによりフリーソフトのような成果（fruit）を上げることができる。蜂たちは蜜を奪われるだけでなく、協働することによって精神的な果実を生み出すことができるのだ。

ラッダイトを憐れむ歌

ただし、現在の情報技術はフリーやオープンの思想とは真逆の価値観に支配されており、新しいプロレタリア化の段階に突入している。フリーソフトウェア運動は、二一世紀初頭までの情報通信革命をリードしたインターネットの大衆的普及、その背後にあった「ネットワークは誰でも自由に無料で利用できる公共圏であるべきだし、そこを流通する知識は知的財産として囲い込まれるのではなく、グローバル・コモンズであるべきだ」という思想に基づいている。

それに対して、機械学習の本格的実用化以降の第三次AIブームの下ではこのような楽観論は影をひそめ、知的所有権の壁で囲い込まれたAIシステムが人的資本にとって代わり始めているように見える[28]。人間から抽出されるデータは、収集され、関連づけられ、新たな価値を生み出す。そこで生み出される富はAIの所有者に還元され、データの供給源である人間には「フリー」のコンテンツが提供されるだけである。そしてデータから価値を生む作業はほぼ自動的に行われるため、もはや人間は必要とされない。

たとえばポール・クルーグマンが二〇一三年のコラムで指摘したように、テクノロジーが労働者に及ぼす影響についての通念とは「高い教育を受けた労働者への需要を高め、教育のない労働者への需要を減らす」というものであり、その解決のためにはさらなる教育が提案されてきた[29]。しかし知識労働の自動化のために、かつては大卒の労働者が必要であった作業をソフトウェアが行っていくことが（二〇一三年の時点では）予想されていた。本章冒頭で「テクノロジーの変化は大卒の資格を要さない新しい仕事をほとんど生み出していない」と述べたが、現代の技術水準では、高い教育を受けた労働者も仕事を取り上げられてしまうのだ。そうすると、ＡＩをはじめとした新技術によって生み出された富はＡＩの所有者に還元され、労働者は生産性向上の恩恵を受けることができなくなるだろう、とクルーグマンは予想する。

クルーグマンがこのコラムのタイトルを「ラッダイトを憐れむ歌（Sympathy for the Luddites）」としたように、これはラッダイトたちが直面した問題である[30]。第一次産業革命のさなか、彼らは次のように問うた――「新しい技術に対応するための訓練のあいだ、誰が家族を養ってくれるのか？」「もしこの新しい仕事がさらなる技術の進歩によって価値を失ったらどうなるのか？」現代のラッダイトたちはさらにこう問うてもいいだろう――「獲得すべきと言われたスキルを獲得するために大きな借金をしたの

（28）稲葉 2022：一八二頁。
（29）Klugman 2013.
（30）ラッダイトとは、一九世紀前半のイギリスで、労働の機械化にともなうさまざまな問題に抗議するために機械を破壊してまわった者たちを指す。

に、結局経済がそのスキルを求めなくなったら一体どうなるのか？(31)」

今日、「ラッダイト」とは技術の進歩に背を向けた非合理的で無知な人の蔑称となっているが、テッド・チャンが指摘するように、機械をうちこわしたラッダイトたちの抗議は工場主の利益が増えているのに自分たち労働者の賃金が下がっていること、また児童労働や粗悪品の量産といった問題の改善を訴えるものであった。つまり彼らは経済的な正義を求めていたのである(32)。

図 11　機械を打ち壊すラッダイトたち

自動化が生み出すゴーストワーク

同様の問題意識から、スティグレールは、3Dプリンターが道具を大衆化することによって製造の民主化に貢献するという議論と、それに対する懸念を紹介している(33)。歴史をひもとくと、労働者の知識や技能は徐々に雇用者の所有物として認められてきた。マニュアル化や記号化、プログラム化可能な知識や技能は労働者の心身から切り離され、知的財産として資本に回収される。それが制作知の喪失と、労働者のプロレタリア化をもたらしたことはすでに第6章で論じた。

そしてオートメーションの歴史に違わず、家庭用3Dプリンターもまた生産ラインに組み込む計画が進められており、これが業界の賃下げ圧力につながることは容易に想像できる。製造の民主化どころか製造のために必要な知識や技能が資本家に独占され、その結果、労働者たちは低賃金の職に転じるか、さもなければ失職するしかない。

さきほど「データから価値を生む作業はほぼ自動的に行われる」と述べたが、AIが進歩するにつれて、AIが限界に突き当たったときに補完したり助けたりするために人間の労働者への需要が生まれる。事実、Amazon は独自のクラウドソーシング・プラットフォームを構築しており、一時間あたり一・二五ドルという給与でデータセットにラベル付けするという作業を発注している。[34] スマートフォンのアプリやウェブサイトやAIシステムの数々を作動させているこのような労働は、意図的に隠されているこ

(31) この問いへの答えは、少なくとも（かつてはそうであったかもしれないが）教育ではない、とクルーグマンは考える。クルーグマンは、普通の市民がルールに従いつつ真面目に働くならばまともな生活を維持できる社会（に似たもの）を保持しうる唯一の方法は、医療と最低所得を保障するような強い社会的なセーフティ・ネットしかない、と主張している（Klugman 2013）。

(32) Chiang 2023. ラッダイトは自分たちが略奪者や泥棒でないことを明示していた。たとえばノッティンガムシャーのラッダイトの手紙には「略奪がわれわれの目的ではない。ありふれた生活必需品こそ、現在われわれが求めているものだ」と記されていた（アセモグル&ジョンソン 2023：二五七頁）。

また経済学者は、長期的に見ればやがて機械化の恩恵は労働者にまで波及するだろう、と言うかもしれないが、「やがて」がどれくらいの長期なのかが問題である。「やがて」が死ぬまで訪れないケースは多々あったし、もちろん長期的にはみな死んでいる（フレイ 2020：二〇一頁）。

(33) SA1, p. 419.

(34) SA1, p. 420.

とがよくある。この見えづらい世界での労働のことをグレイらは「ゴーストワーク」と呼んだ。[35]

二〇五五年までには、今日の全世界の雇用の六割が何らかの形のゴーストワークに変わる可能性が高い。[36]しかし少数の大企業が生産と流通のネットワークを牛耳っているために、労働者たちは圧倒的に不利な状況に追い込まれる。これは歴史的に見てまったく新しい事態というわけでもない。技術の進歩はいつも、一九世紀に紡績機の糸くずを取り除いていた子どものような、使い捨てにできる労働力のプールに依存してきた。このような不正義に対しラッダイトたちは立ち向かった。歴史は繰り返すのである。

したがって、知や技術を囲いこまずコモンズとして共有するフリーやオープンの思想を、新たな経済と協働の論理へと発展させなければならない。[37]現在進行する自動化は全般的なプロレタリア化を招くが、同時にプロレタリア化を乗り越えるチャンスを与える。自動化の進展にともないスティグレールが目指すのは、購買力を再分配する産業モデルから、知を構成する時間や能力（capability）を分配する産業モデルへの移行である。[38]そのモデルは協働型経済と呼ばれる。

本章のまとめ

自動社会において、労働→賃金→消費→雇用……というサイクルはもはや維持できない。これまで社会民主主義的言説の多くは労働者の給与の最大化をめざしていたが、これからは雇用ではなく労働それ自体について考えなければならない。自動化による大失業が危惧されるなか、スティグレールは「雇用を守ろう」と訴えるのではなくむしろ「雇用の終焉」を旗印に、労働を政治、経済、知などの面から再検討する必要性を訴える。それは労働からの解放ではなく、労働の解放を目指す。

スティグレールは労働の本質を見定めるためにハッカー倫理を参照する。ハッカーにとって労働は義務や苦役などではなく、情熱をもって真剣に取り組む「遊び」のようなものだ。ハッカーを動かすのは自分の情熱を形にしたいという衝動であり、それを公開し共有することによって受ける尊敬である。スティグレールは雇用の終焉が労働の脱プロレタリア化を導くために、このハッカー倫理をハッカーだけでなく従来の労働倫理に代わるものとして磨き上げようとしている。

しかし「ハッカーになれ」と言っても無駄である。なぜなら現在の情報技術はハッカー倫理とは真逆の、新たなプロレタリア化の段階に進んでいるからだ。知識労働の自動化と知的所有権の盾で守られたAIによって、大卒の労働者さえも必要でなくなる。それは新たなラッダイトを生むだろう。自動社会において、経済的正義を訴えたラッダイトの存在は無視できないものとして浮上してくるのである。

(35) グレイ&スリ 2023。
(36) グレイ&スリ 2023:三三三頁。
(37) スティグレールは区別していないが、オープンとは開発の方法論であり、フリーとは社会運動の名である。
(38) SA1, pp. 157–158.

第9章　協働型経済

二十世紀の繁栄をもたらした産業モデルは、気候変動や生態系の破壊だけでなく、民主主義制度への不信と全般的プロレタリア化をもたらした。「人新世」とは、自然だけでなく精神をも資源として浪費する、二十世紀型資本主義の危機を表す言葉なのである。自動化による雇用の減少は、この人新世の危機を乗り越えるための新しい産業モデルへ移行するチャンスである。文化や消費だけでなく、労働や生産の改革に着手すべく、スティグレールは自らが主宰する Ars Industrialis で新たな経済と協働のモデルである「協働型経済（économie contributive）」という社会実験に取り組む。それは、自動化時代における知と富の共有について再考することを目的とした、大規模な協働型プロジェクトである。(1) 舞台はパリ郊外、セーヌ＝サン＝ドニ県だ。

以下ではまず協働型経済の概要について、ケイパビリティ・アプローチ、場所、アンテルミタン制度の三点から確認する。その後にセーヌ＝サン＝ドニで行われている実践を検討することで、協働型経済の具体的な内実を見てみよう。

1　協働型経済の目的――ケイパビリティ・アプローチ

協働型経済の目的は、自動化によって節約される時間を使って新しい知の生産と共有を発展させることである。[2] 全般的プロレタリア化をもたらす自動化とその技術を、まさにそのプロレタリア化の克服の

（1）この活動の内容については https://recherchecontributive.org/ で公開されており、活動に関する語彙の定義は「ヴォキャブラリー」のページに掲載されている。この語彙集はまた、英訳された『分岐――ほかに選択肢はない』の巻末にも掲載されているが、内容は微妙に異なる。なお、協働型経済について書かれた文章はスティグレール単独で書かれたものはほとんどなく、もっぱら実験に参加する者たちと共同で書かれている。そのため、本章で「スティグレールは」と書くとき、「スティグレールたちは」と表記することと同義である。

（2）たとえばスティグレールは、あるインタビューで「機械のおかげで、アンシャン・レジームの貴族のように、自由を確保するために農奴に下働きをさせる必要はなくなる。それは「万人のオティウム」なのである」と述べている（Stiegler 2016, p. 56)。ハッカーたちもまた、人間はくだらない反復仕事で苦労するべきではないということを深く信じ、自分のためだけでなく他のみんなのために退屈な仕事はできるだけ自動化してしまいたい、と考える。歴史を眺めてみると、時間を自分で組織するというこの自由は、学問の世界に先例があるとヒマネンは指摘する。たとえばプラトンは学究的な時間とのかかわりを指して、自由人には「スコレー」があると言っている。スコレーとは単に時間があるだけでなく、時間との特定の関わり方、自ら自分の時間を組織できることを意味している（ヒマネン 2001: 五二一―五三頁)。このスコレーは、オティウムとも言い換えられるだろう。

ために活用することが目指される。

協働型経済において「労働」とは雇用ではなく、知の生産と共有を意味する。このプロセスでは、経済的なアクターはもはや生産者と消費者に分かたれない。知の生産や共有は、誰かが独占して行うのではなく関与するアクター全員が行う。したがって、協働経済におけるアクターとは生産者でも消費者でもなく「協働者」と呼ばれなければならない[3]。

協働者によって生産された知の価値は交換価値や使用価値に還元されない。なぜならその価値は交換価値のように希少性の如何によって増減することはないからだ。知は囲い込まれることもなく、誰かの排他的所有物になることもないコモンズ（共有財）なのである[4]。またそれは使用価値のように時間の経過によって減少することもない。というのも知の価値とは、古典と呼ばれる作品のように、あるいはLinuxのようにそれが蓄積され共有され実践されるにつれてむしろ増加するものであり、徐々にそして長期間にわたって形作られるものだからだ。

このように、協働型経済において知は排他的所有物ではなく誰にでも共有されるコモンズなのであり、それを基盤として市民たちは新たな知を生産し共有する。そのとき、知の生産者と消費者は分かたれるのではなく、ともに協働者として知の生産に参加する。技術を利用することで必要労働を縮小し、諸個人の自由の領域を拡大する協働型経済とは、希少性にとらわれないポスト希少性社会を組織し、市場の支配にかわって協働的な生産を実現するプロジェクトなのである。

したがって協働型経済においては、知を生産する能力と、他者の知を受け取る能力の育成が重要となる。職業訓練も含めた、生涯にわたる平等な教育が必要となるのだ。そのためにスティグレールが参照するのはアマルティア・センのケイパビリティ（capability）・アプローチである。人間が自由であるためには権利や福祉などの財が与えられるだけでなく、その財を活用するための教養や知識、健康などのケイパビリティが必要とされる。

ここで「ケイパビリティの開発」は、「技能（competence）の習得」とは区別される。協働型経済における区分によると、技能はマニュアル化や記号化、プログラム化可能なものを指す。個人はただそれに順応すればよく、誰がどのように習得しようとも技能の質は均一なままである。単純化された機械の操作は誰が行っても同じだ。繰り返し述べてきたように、それは制作知の喪失、労働のプロレタリア化をもたらす。

他方、ケイパビリティは、各個人の特異な可能性に対応するものである。能力の育成はすでに存在する知識や技能を受容するとともに、それらを自らの特異な記憶と綜合する段階を踏む。そのためケイパビリティとは何かができるようになるだけでなく個人の特異性の表現でもある。他者とともに知を共有し実践することを通して、自己の特異な能力が発揮されるのだ。このように、ケイパビリティとはマニ

（3） Stiegler 2021, p. 309.

（4） たとえばハッカー倫理には、「情報の共有は影響力大の絶対善であり、自分の専門知識を広く公開するのはハッカーの倫理的義務だから、自作のソフトをフリーで提供し、可能な場合は情報やコンピューター資源に誰でも簡単にアクセスできるようにするべきだ」という信念が含まれている（ヒマネン 2001：六六頁）。

ュアル化され個人から切り離されて存在する知ではなく、「私」の特異な知を生産する潜在能力なのである。

2　協働型経済の場所——地域をケアする

次に協働型経済が行われる場所について見てみよう。二〇世紀末に急速に進展したグローバリゼーションにおいて、もはや社会の特異性はまったく考慮されておらず、技術が可能にする特異な社会的実践も無視されている。このように、グローバリゼーションは一国内のある地域というミクロなスケールから、大陸といったマクロなスケールにいたるまで、あらゆる地域的スケールの特異性を排除し、その代わりに標準化された市場概念を押しつけてきた。グローバル資本主義によって疲弊した地域において、人々は相互扶助の余裕をなくし、「われわれ」と呼ぶべき特異な基盤を失う。このことが、過激なナショナリズムがあらゆる場所で出現し、政治的な主導的勢力になりつつある理由だとスティグレールは考える(5)。

協働型経済における知の実践は、モノや知を生産するだけでなく、それを通して社会的なつながりを生み出す。雇用から解放された労働はコミュニティを生み出すのだ。知は複数の個人によって伝達され、実践され、変容されることで初めて存在する。個々人は新しい知、たとえば料理や教育、共同生活の方法などを発明することによってお互いに影響を与えあう。

したがって協働型経済において、知の生産や共有を可能にするコミュニティ、地域の特異性はとても重要なファクターとなる。地域によってさまざまな料理があるように、知はどんな場所でも同じものになるのではなく個人や集団がそれを実践する地域に応じて変化するのであり、その結果、多様な文化が構成される。この意味で、知の生産と共有はネゲントロピー的なプロセスなのである。

地域を基盤にして行われる言説と実践の具体例として、スティグレールはアメリカのノースダコタ州で二〇一六年に起きた石油パイプラインの建設に反対する抗議運動を挙げる。[6] このパイプラインはミズーリ川の地下に建設される計画だったが、そこはスタンディングロック・スー族の唯一の水源であり、彼らが先祖代々受け継いできた「聖なる土地・聖なる水」であった。神聖な水源を守るため、スタンディングロック・スー族と非先住民たちが協力して大規模な抗議活動が展開されたのだが、抗議活動に参加していたナオミ・クラインは、建設を止めることも重要だが抗議活動のなかでもっと意味のあることが起きたと報告している。それは抗議活動の拠点であるキャンプが、先住民と非先住民が共に大地と深くかかわり、共生する生き方を学ぶ場になったことだ。[7]

これらの動向において重要なのは、環境保護だけでなく、当該地域の特異な知をともに学びあう姿勢

(5) B, p. 43.

(6) ほかにもロブ・ホプキンスがイギリスで提唱したトランジション・タウン、二〇〇八年に改正されたエクアドル憲法が例として挙げられている。

(7) クライン 2018：二七〇頁。

である。西洋型の経済発展を追い求めあらゆる地域を画一化するのではなく、その土地とそこで生きる人々の知の生産と共有にもとづいた生活を構想すること。右記の事例は、そのような構想が現実的であることをわれわれに教えてくれる。

協働型経済は、住民のケイパビリティの開発と地域に根ざした特異な知の実践を支援するプロジェクトである。このような地域のネガントロポセン的発展に貢献する者に、協働型経済は断続的な収入を与える。

3 協働型経済の収入――実演芸術家の断続的収入

協働型経済は、もちろん最低賃金などを等閑視はしないし、また最低限の収入保障を否定するわけではない。しかし何よりも、地域のネガントロポセン的な発展のためには、協働的な発想で再考された協働型収入（revenu contributif）の仕組みを発明しなければならない。

収入のモデルとなるのは、フランスの実演芸術家（artiste du spectacle）に対する保障である Intermittent du spectacle である（以下、アンテルミタン制度と呼ぶ）。以下では長嶋 2023 の整理を参照しつつ、アンテルミタン制度から協働型経済に関係するところを抽出して見てみよう。

オペラ歌手や演劇俳優、ダンサーなどの実演芸術に携わる者の働き方は、制作や公演のスケジュールのためにどうしても断続的（Intermittents）なものにならざるをえない。アンテルミタン制度は、このような実演家特有の働き方を支える仕組みである。この認定制度では、実演家だけでなく演出家や監督なども含めた芸術活動従事者が、雇用契約期間や勤務時間など一定の条件を満たせば仕事のない期間も収入が保証される。[8]これにより、稽古のような有償契約を伴わない職業活動に専念できる仕組みである。[9]

協働型収入にとって重要なポイントは、有償契約のない日が日額手当の給付対象となるため、実演芸術にとって不可欠ではあるが有償契約を伴わない活動（舞台の構想や稽古など）に専念できるという点である。これはオティウムの時間が保障されていることに等しい。アンテルミタン制度を参考にすることで、オティウムを一部の有閑階級だけでなく万人に開くことができるのだ。自らのケイパビリティの開発に励むことは、雇用ではないが労働として認められなければならない。

（8）アンテルミタン制度の登録給付業務は、雇用センター舞台芸術部門（Pôle emploi Spectacle）が担当する。登録前一二ヶ月について五〇七時間以上の該当活動での就労（有償契約）が認定されると、以後一二ヶ月間にわたる給付資格が獲得され、収入のない日については失業手当が給付される。一年毎に同様のルールで認定される給付資格が有効である限り、有償契約（公演など）がない日は日額手当の給付対象となる（長嶋 2023：三九）。

（9）アンテルミタン制度は、一九七〇年代末以後の文化事業の拡大に伴うアンテルミタンの採用が急増して以後、実演芸術家たちはその拠出金相応以上の給付を受けているとの批判に晒されるようになった。また制度改革が浮上した二〇〇三年には、アンテルミタンの抗議活動によってアヴィニョン・フェスティバルが中止に追い込まれた。しかし二〇二二年大統領選挙の決選投票直前のテレビ討論では、延長措置を自ら発表した現職大統領のみならず対立候補も本制度の存在意義に肯定的見解を示したため、「政治家たちがアンテルミタンの社会的地位を変えようとした時代が遠く思われる」と報じられている（長嶋 2023：四〇―四一）。

しかし協働型収入は無条件に支給されるのではなく、開発した知識や技能が、地域貢献のためのプロジェクトで断続的に使用されることを条件とする。[10] アンテルミタン制度を参考にした協働型収入は、単純な資金調達方法であるだけでなく、協働者が地域社会の一員となり、新しい知識を生み出して地域を豊かにすることを要求する。

それでは地域に貢献できない者、したくない者はどうすればいいのか？　スティグレールはあるインタビューでＵＢＩ（ユニバーサル・ベーシックインカム）を支持すると述べている。[11] 協働型収入は、ＵＢＩによって補完されなければならないのだ。

ただし、ＵＢＩに関してスティグレールはいくつかの留保を付け加えている。たとえばＵＢＩを歓迎する者のなかには、取り残された人々、つまり貧困層が政治や経済について異議を唱えないように、最低限のお金を与えておこう、という魂胆の者もいる。ひとたびＵＢＩが白紙委任状となれば、規制緩和、不当な管理、プロレタリア化、特異性の破壊に全面的に同意したことに等しい。ある意味現状に奉仕するＵＢＩほど最悪なものはないだろう。それは、私たちの経済をエントロピー的ではなくネゲントロピー的に変容させるというプロジェクトを妨げることになる。

つまり、ＵＢＩと協働型収入は一方が他方に取って代わるのではなく、互いに補い合うものなのだ。この数十年間で社会的不平等が拡大したことを考えると、ＵＢＩは自明で不可欠な最低条件であるように思える。しかしそれは必要条件ではあるが、決して十分条件ではない。ＵＢＩに加えて、人新世的状況に立ち向かう協働を駆動するための制度が必要となる。それが協働型収入である。ＵＢＩとは異なり、協働型収入は無条件で給付されるわけではないため、格差が生まれるかもしれない。だが全般的プロレタリア化の悪循環を断ち切るためには、このようなリスクを犯さなければならないとスティグレールは主張する。なぜなら、協働者として働くことを支える協働型収入のみが、ＧＡＦＡプラットフォームや、グローバル経済の担い手たちによって生み出されている現在の混乱に代わる、新しい経済を発展させることを可能にするからである(12)。

補足すると、ＵＢＩの優れたところは、何らかの理由でコミュニティに貢献できない者、貢献する気がない者の生活を保証することによって、協働型経済への参加の自由を確保することだ。協働型経済への参加は強制や義務からではなく自発的に行われる。そのため参加率は伸び悩むかもしれない。しかしハッカー倫理から明らかなように、知の生産と共有はあくまで自発的に行われなければならない(13)。

(10) Stiegler 2021, p. 310.

(11) Stiegler 2016, p. 51. ＵＢＩは、すべての人に無条件で、最低限の生活をおくるのに必要な額のお金を一律に給付する制度である。

(12) Stiegler 2016, p. 54.

(13) もちろん、ベーシックインカムを導入するだけでなく、社会的な公正を実現するためにやらなければならないことは多々ある。ベーシックインカムは他の制度すべてを無用にしてしまう魔法の解決策ではない。たとえばピケティは、ベーシックインカムの思想は、他の社会政策の大幅な削減を正当化するために、あらゆる社会的な義務を「これで全額支払いました」という形で使われてきたと指摘している（ピケティ 2023：九〇〇頁）。そのため、ベーシックインカムを資産と所得の累進課税、ユニバーサル資本支給、社会国家を含むもっと野心的なパッケージの一要素として考えるのが重要だとピケティは主張する。

このように、協働型経済とは協働者たちがある意味では芸術家として活動することによって支えられる。ここで「芸術家」とは、大規模なプロモーションにより世界的に活躍するスターではなく、地元でコツコツと活動する、いわば「アマチュア」としてイメージすればよいだろう。数少ないカリスマやスーパースターの作品を数多くの「消費者」たちが受容するというかたちで活動が行われるのではなく、ほとんどの人々がアマチュアとして、生産者と消費者の区分なく歌を歌ったり料理を作ったりスポーツに興じたりすることによって交流する社会。そこでは制作や創作に関する知、さらに料理や育児に関する知や技能が生み出され、共有される。

これまで見てきた協働型経済は、哲学者による思弁に終わらない。それは、住民の積極的な参加にもとづいた地域再開発のモデルとして実践されることになる。

4　セーヌ＝サン＝ドニでの協働型プロジェクト

パリの街を上空から眺め、徐々にその高度を上げていくと、三つの県がパリの街を取り囲んでいるのが見える。北東部に位置するのが、フランスの県のなかで最も小さい部類に入るセーヌ＝サン＝ドニ県である（**図12**）。

そのなかでもパリの北に位置する九つの町は、地域公共施設（Établissement Public Territorial）であるプレーヌ・コミューンとしてまとめられている（**図13**）。このパリ郊外の地域は一九世紀半ばに重工業

図12　セーヌ=サン=ドニ県

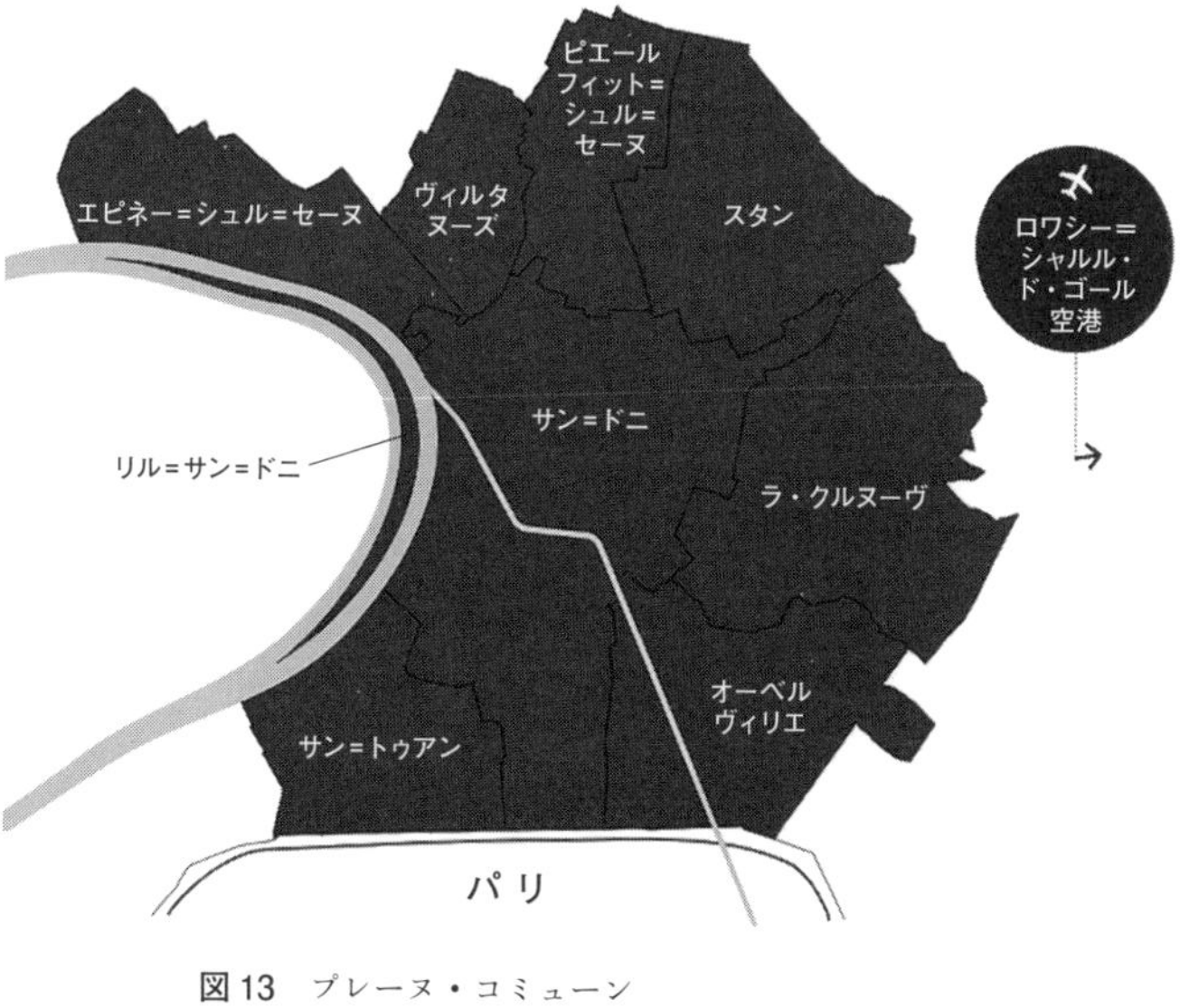

図13　プレーヌ・コミューン
（https://plainecommune.fr/qui-sommes-nous/ より）

地帯となり、その後パリのレッドベルトの一部となり、共産主義の影響を強く受けるようになった。現在ではほとんどの地域が非工業化し、低所得者層が多く住み、また旧フランス植民地からの移民が多く住んでいる地域でもある。街は企業の本社やスタッド・ド・フランス（パリ広域圏最大のスタジアム）のような大規模なインフラを誘致することに成功したが、こうした努力は住民との融和に苦戦している[14]。

さまざまな課題を抱えているプレーヌ・コミューンであるが、他方でこれまで都市開発、住宅の提供、公共スペース、緑地、経済発展などの多種多様で画期的なプロジェクトが行われてきた地域でもある。スティグレールは、プレーヌ・コミューンのパトリック・ブラウゼック会長の依頼を受け、二〇一六年、この地域を「協働的な学びの場（Territoire Apprenant Contributif）」にするという実験プロジェクトを開始した。

このプロジェクトの主な目的は、協働型研究の手法を用いて協働型収入をテストすることである。それは地元経済の発展とともに、グローバリゼーションによる地域の荒廃や自動化による大量失業といった、多くの地域が直面している困難に立ち向かう実例づくりを目指している。最終的な目標は、アンテルミタン制度を徐々に他の活動にも拡大するという原則に基づき、協働型収入にもとづく経済を確立することである。

プレーヌ・コミューンとその近辺にはパリ第八大学やパリ第一三大学、多くの研究者が集まるコンドルセ・キャンパス、社会科学高等研究院などの社会科学系大学院がある。このプロジェクトではこれらの知的なインフラを活用するが、それは研究者が一方的にリーダーシップを発揮することを意味しない。そうではなく、研究にプレーヌ・コミューンの住民たちが何らかの形で協働すること、すなわち協働型研究が目指される[15]。

「研究」と名付けられてはいるが、このプログラムはさまざまな分野にまたがって行われる。たとえば協働型研究のテーマにはサッカーも含まれる。セーヌ＝サン＝ドニにはスタッド・ド・フランスという巨大なサッカースタジアムがあり、またスポーツは近年、デジタル技術によって大きく変貌している。さらにパリでは二〇二四年にオリンピックが控えている。サッカーをプレイする技術やそれを批評する知識などは、協働的に生産される重要な知（savoir）である。セーヌ＝サン＝ドニの若者たちとサッカーについて語り合えないのであれば、このプロジェクトは決して成功しないだろうとスティグレールは言う[16]。若者たちのサッカーについての知、経験、なにより情熱は、決して軽んじてよいものではない。

（14） Montévil 2023.
（15） 協働型研究はアクションリサーチをモデルとする。アクションリサーチとは、プロのアクションリサーチャーと状況を改善しようとする組織やコミュニティ、ネットワークのメンバーがチームを組んで行う社会調査のことである。それは専門家が独断的に行うものではなく、調査のプロセスに幅広い参加をうながし、ステークホルダーにとってより公正で持続可能または満足できる状況につながるアクションを支援する（グリーンウッド＆レヴィン 2023）。
（16） Stiegler 2017.

それらは地域のネガントロポセン的発展に貢献するものなのである。[17]

以上のように、協働型経済は知の生産と共有の基盤となる地域性を、スティグレールや研究者が一方的に行うのではなく住民たちと共に構想する。[18] 住民たちは専門家たちと緊密に連携をとりながら彼らが持つ知や地域が持つ価値を再発見するのである。

それではどのような実践が行われているのか、実際の活動を見てみよう。

協働型クリニック[19]

スティグレールは研究者、医師、保育士、保護者を集め、幼児の栄養不良と、子どもたちが四六時中スクリーンに晒されている現状と闘うためにクリニックを開設した。このクリニックの目的は大きく分けて三つある。

ひとつは知識を生産し共有することである。心理的・認知的能力をサポートする技術に関する知識、電子スクリーンが子どもの発達に与える有害な影響に関する知識、栄養不良に関する知識、保護者の教育に関する知識、デザイナーの知識などを結びつけ、子どもの発達と注意力を支援する新しい教育実践やデジタルツールを考案・開発することを目指す。

もうひとつは、ケアする者‐される者という非対称的な関係を乗り越え、各自が協働者として知を共有し実践することで、お互いにケアしあい高めあう協働型ケアの実現を目指す。

最後に、こうした新しいエンパワーメントとケアの実践の治療的価値が認められ、それぞれの協働者が報酬を得ることを目指す。

このプロジェクトは、〇歳から六歳までの子どもを対象とした公的医療センターであるＰＭＩ（Protection Maternelle et Infantile）と連携して行われる。二〇一八年から翌年にかけて協働型クリニックへの参加が広く呼びかけられ、セーヌ＝サン＝ドニで最も貧しい地域のひとつに位置するＰＭＩがその呼びかけに応じた。そして児童精神科医であるマリー＝クロード・ボシェール、スクリーン依存の克服に取り組む保護者たちがグループに加わった。やがてこのグループへの参加は近隣の住民たちにも開放された。

このクリニックの特徴は、医師などの専門家が非専門家である保護者や地域住民に教えを垂れる、という一方向的な関係性をとらず、誰もが協働者として参加することが要請される点である。スティグ

議論するマリー＝クロード・ボシェールと保護者たち（IRI 提供）

(17) このプロジェクトは、二〇二四年のオリンピックの選手村がこの地域に与える影響と、大会後の再開発について懸念している Caisse des Dépôts の支援を受けている。課題は、ジェントリフィケーションや過剰な消費主義のリスクを冒すことなく、地域の視点からこれらのスポーツ投資をどのように再社会化するかである（Stiegler 2020）。
(18) Stiegler 2021, p. 310.
(19) 以下の活動については、ＩＲＩの各報告書および活動に参加したモンテヴィルの報告を参考にした。

レールも専門的知識を持ち込むだけでなく、住民たちに対して自らの経験や知によって協働することを促した。

この意味でグループのメンバーたちは対等な立場にある。たとえば、スティグレールは哲学者としてアテンションなどの技術と精神に関する概念を提供した。しかし彼は治療に関しては医師の権威の下にあり、地域の状況に関しては住民や保護者の権威の下にあった。スクリーンが子どもたちの心理的発達に与える悪影響は、保護者が子どもたちの面倒を見る時間がないこととも関係している。そのため画期的な治療法やツールを開発するだけでは不十分であり、協力して子どもたちの面倒を見る方法も考案されなければならない。このように保護者や専門家たちは学術的な知識と自らの経験をもとに、自分たちが直面している課題を理解し、現在進行中の研究に共に参与することになるのだ。

このプロジェクトは、以下のように三つの異なるアプローチの組み合わせから成る。[20]

・理論的アプローチ：理論的・科学的テキスト（母子関係、依存症理論、アテンション・エコノミー、その他の関連テーマ）の読解と研究にもとづくアプローチ。
・実践的アプローチ：親と専門家の個人的経験の共有と、このテーマに関する短編映画（ドキュメンタリーやインタビュー）の視聴と分析にもとづくアプローチ。
・技術的アプローチ：エンジニア、コンピューター科学者、デザイナーたちとの協力を通じて開発された、住民の地域的・特異的なニーズに対応する「薬」としてのデジタルツールの作成と実験のためのアプローチ。

また、クリニックはデジタル時代の新たな問題に取り組むために、研究者だけでなく保護者や保育・教育関係者たちが集まりお互いのケイパビリティを高める場となることが目指されている。そのために、ＰＭＩのグループと、ＩＲＩで毎月開催される学術セミナーに参加するグループが合体して合同セミナーが開かれた。[21] スティグレールはこのようなセミナーで、ウィニコットやベイトソンなどのテキストを読みつつ概念を導入するという哲学者としての役割を担った。その後のミーティングでは、実践者と保護者たちのアイデアと、科学的・哲学的なインプットの両方が組み合わされ、アイデアのブラッシュアップが試みられた。

以上の活動を通して、地域住民や保護者は研究の発展に貢献する研究者になる。ここで「研究者」とは、学位を取得したり専門的な論文を執筆したりすることではない。それは、自分たちの持っている知（料理の知識、食の実践、教育の知識、住まいの実践など）を専門家たちと共有し、それぞれが緊密に連携しながら、新しい治療法を考案し実施することを意味する。知を実践し共有することで、保護者たちは

（20） Alombert 2022, p. 45.
（21） セミナーの構成は新型コロナウィルスのパンデミックの状況で変化し、ビデオ会議活動へと移行した。ＰＭＩグループとその活動への保護者の参加には比較的短いビデオをディスカッションのベースとして使用するという特別な工夫がなされた（Montévil 2023）。

互いに力を与え合いながら（つまり知を発展させながら）自分自身をケアしていく。協働型クリニックは、保護者たちが専門家たちと協働することで子どもの世話と教育の新しい方法を開発し、その知の多様性を共有する場であり、互いに学び合う場となるのである。

そして最終的には、こうした新しいエンパワーメントとケアの実践の価値が認められ、協働型収入として保護者や地域住民が報酬を得ることが目指される。プレーヌ・コミューンにおける協働型経済の実験として重要なのがこの協働型収入である。先述したように、その報酬は地域貢献のためのプロジェクトで断続的に使用されることを条件に支払われる(22)。

このように、協働型クリニックとは保護者や地域住民が治療費を支払って専門家に何もかもをゆだねるのではなく、問題を解決するために共に知を生産し共有することを目指す。それによって、保護者や地域住民はケアされるだけではなくケアする者になるのであり、治療費を支払うのではなくむしろ報酬を得る。アンテルミタン制度によって芸術家たちが練習に専念できるように、プレーヌ・コミューンの発展に資するような知の生産、共有、実践にかんしては、専門家でなくとも収入が確保されるのである。

ゲームによるデジタル都市プロジェクト

以上、協働型クリニックを例に、プレーヌ・コミューンでの実践について見てきた。このクリニックでは技術による悪影響が強調されているが、最新のデジタル技術やインターネットを活用したプロジェクトもある。

たとえばセーヌ＝サン＝ドニのいくつかの学校では、教師、生徒、建築家、デザイナー、都市計画家たちによる協働型研究が行われている。このプロジェクトは「ゲームによるデジタル都市（Urbanité numérique en jeux）」と呼ばれ、パリ・オリンピックの開催にあたって都市開発が行われる中、住民たちが開発に参加するためのスキルとツールを開発することが目指される。

このプロジェクトではマインクラフトに似たフリーソフトのゲーム「Minetest」を使い、中高生たちが都市のモデリングを行う。Minetest のプレイを通じて中高生たちはＢＩＭ技術[23]を習得することができる。この技術を住民（とくに若い世代）が理解し実践することができれば、都市や地域の開発に参加するハードルが下がり、自分たちが住む街について積極的に構想し議論することができるようになる。このプロジェクトで生徒たちはただゲームをプレイするだけでなく、現地調査を行い、試行錯誤しな

（22）しかし先述したように、協働型経済はＵＢＩの導入が前提となっているため、プレーヌ・コミューンにおける協働型収入は不完全なものにとどまる。したがって現段階では報酬が支払われるためにさまざまな工夫がなされている。たとえば医療従事者は協働型クリニックへの参加が勤務の一環としてみなされるため、報酬が支払われている。またこの活動に長期間参加し、チームの一員となった母親にはＩＲＩから報酬が支払われている（短期間だけ参加した保護者には支払われていない）。現在進行中のプロジェクト「スクリーンについて考えよう（Raisonnons nos écrans）」に参加した者には、職業訓練の一環として報酬が支払われる。以上の情報は、クリニックの活動に参加しているマエール・モンテヴィル氏にご教示いただいた。

（23）ＢＩＭ（Building Information Modeling）とは、コンピューター上に建物のモデルを三次元で再現することで、コストや建材、管理情報などのデータベースをあらゆる工程で活用可能にする技術である。

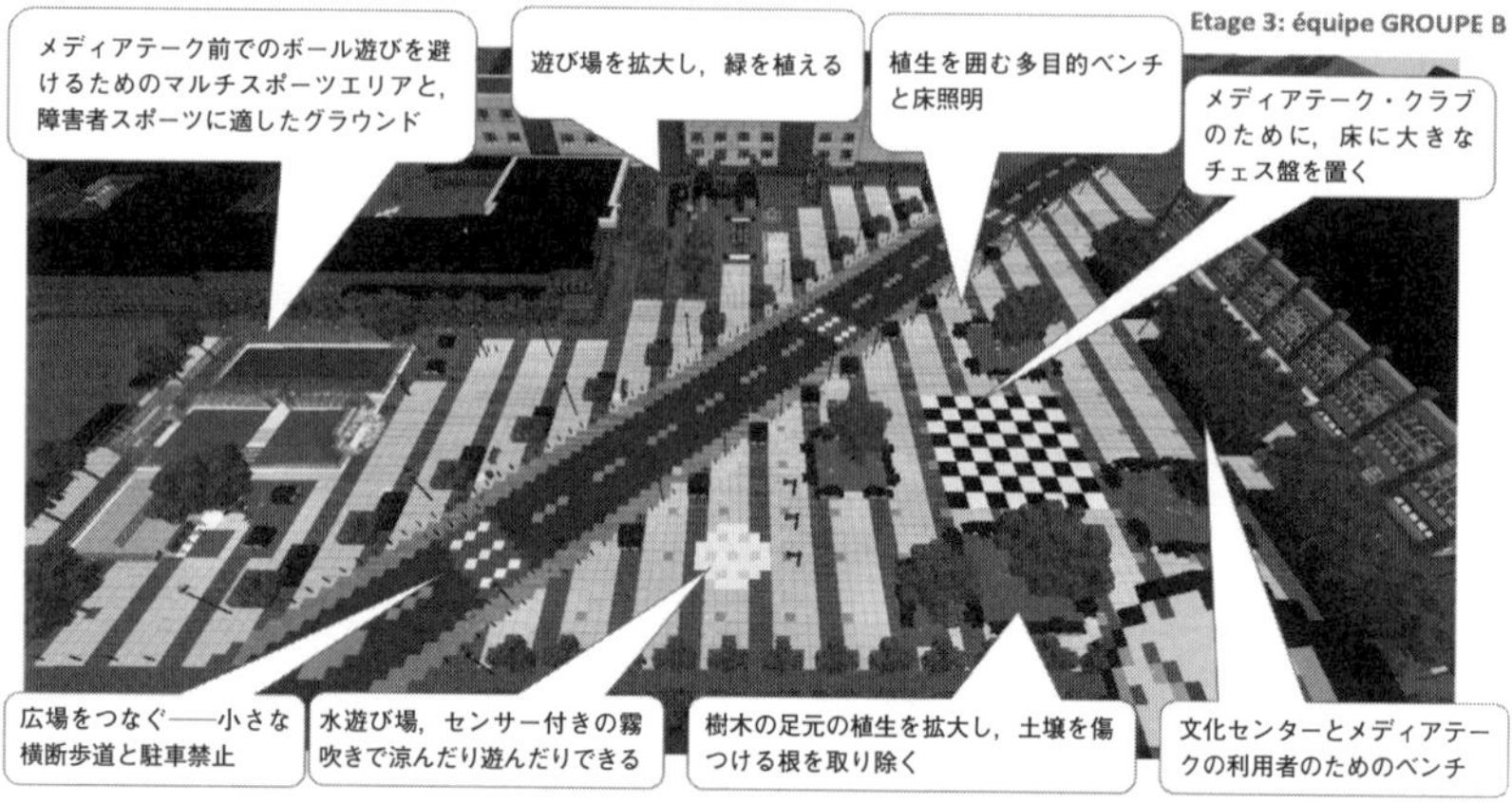
Etage 3: équipe GROUPE B
メディアテーク前でのボール遊びを避けるためのマルチスポーツエリアと，障害者スポーツに適したグラウンド
遊び場を拡大し，緑を植える
植生を囲む多目的ベンチと床照明
メディアテーク・クラブのために，床に大きなチェス盤を置く
広場をつなぐ――小さな横断歩道と駐車禁止
水遊び場，センサー付きの霧吹きで涼んだり遊んだりできる
樹木の足元の植生を拡大し，土壌を傷つける根を取り除く
文化センターとメディアテークの利用者のためのベンチ

（上）
Minetest のプレイ画面と，それをプレイする生徒たち（IRI 提供，コメントは生徒によるもの）

（右）
街の地図を見て話しあう生徒たち（IRI 提供）

がらアイデアをモデル化し、その成果を報告する。そのとき、都市の歴史と経済に関する学術的知識、都市建設と管理のためのデジタル技術に関する専門的知識、教員の教育に関する知識など、さまざまな専門知を持つ大人たちが生徒たちの活動をサポートする。

Minetest やＢＩＭといった技術を駆使しさまざまな知と協働することによって、都市を発展させるツールや実践を開発することがこのプロジェクトのねらいである。成功した暁には、自分たちの住んでいる地域をどのように開発するか、住民たち自身で構想し議論できるようになるだろう。自動化技術によって、生徒たちは議論し合う「われわれ」になるのである。

本章のまとめ

以上のように、協働型経済は専門家と非専門家の垣根をこえ、それぞれが知を持ち寄り協働することによる問題の解決と、それぞれのケイパビリティを向上させることによる地域のネガントロポセン的発展を包括的な目標とする。また、その知の実践と共有にはアンテルミタン制度を模した協働型の報酬が支払われる。

たとえばプレーヌ・コミューンで行われた実験である協働型クリニックでは、専門家だけでなく地域住民や保護者たちも巻き込み、栄養不良やスクリーン依存の治療を目指して研究が行われた。医療関係者は医療の知を、スティグレールは哲学の知を、住民は地域の知を、保護者たちは教育の知を持ち寄り、新たな治療法という知の開発に取り組んだ。

これは現代の資本主義による制作知、生活知、理論知の剝奪に抗い、脱プロレタリア化を目指すものである。またスティグレールがかねてから構想していた、万人のためのオティウムを実現するものでもある。人新世の危機を克服するためには、環境保護運動だけでなく、民間企業による果てしなき利潤追求や、中央集権的な国営企業による支配に代わる画期的な収入システムが創造されなければならない。それは地域に雇用を生み、若者の失業問題を改善するだけでなく、人新世からネガントロポセンへの移行を可能にするものでもあるのだ。

終章　今を生きるトビウオたちのために

本書は「技術とは何か」「技術とどう付き合っていけばいいのか」という問いに答えるために、スティグレールの哲学を人新世の技術論というコンテクストに沿って検討してきた。技術は単なる手段などではない。人間は、それこそ大アウストラロピテキナエの頃から、技術によって根本的に支えられた存在である。そのことはしばしば忘れられる。ひとは指を折って計算していたことを忘れ、あたかも自分の頭の中で計算が完結しているように錯覚してしまう。この忘却と錯覚の系譜は遅くともプラトンからはじまり、チューリング・マシン、そしてＡＩのアルゴリズムにまで続く。

スティグレールは西洋の哲学において連綿と続いてきた技術の忘却を指摘し、そこから、毒にも薬にもなるファルマコンとしての技術のポテンシャルをすくい出した。技術は、誰とも異なる「私」への個体化と、他の集団から区別される「われわれ」への個体化の双方を支えている。同時に、技術を産業的に組織することによって、「私」になりたい、「われわれ」としてまとまりたいという欲望から利潤を得ることも可能である。現代の資本主義は、文化産業であろうとアルゴリズム的統治性であろうと、人々の意識や欲望を抑圧するのではなく解放するよう技術を組織する。しかしそれは「われわれ」や「私」固有の知を育むものではない。

スティグレールは自動化が進む現代において、労働が問題になると考えた。自動化による雇用の喪失は、むしろ雇用から解放された労働を実現するチャンスだと考えたのである。労働が個体化を促し、知の生産や共有を可能にするために、労働のあり方を協働的なものにしなければならない。Ars Industrialisが行ったセーヌ＝サン＝ドニ県での実験では、スクリーン依存症の治療のためのクリニックや、都市開発にかんする知識とスキルを身につけるためのデジタル・ゲームなどによって協働が促された。

この社会実験は単なる地域振興などではなく、人新世からネガントロポセンへの移行のモデルケースとなることを目標とする。雇用から解放された協働者たちは、ハッカーのように自らを鍛え、知を生み出し交流する。生活はＵＢＩとアンテルミタン制度を模した協働型収入によって保障される。ネガントロポセンという新しい時代においては、経済のために地球や文化があるのではない。地球環境と文化多様性の創出のために経済があるのだ。

＊

二〇二〇年にスティグレールが逝去したことによって、さまざまな哲学プロジェクトや社会実験が未完のまま終わってしまった。スティグレールは完璧なプランを立ててから実行に移すのではなく、実際に試行錯誤しながら考えるタイプだったらしい。とくに協働型経済については課題が山積しており、その構想はいまだ夢想の域を出ない。考えなければならないポイントは多岐にわたるが、ここでは三点だけ挙げておこう。

本当に雇用は消滅するのか

ひとつめは、果たして自動化により雇用は消滅するのか、という点だ。[1] たとえばグレイらは「AIが限界につきあたったときに、自動化された製造システムを補完したり助けたりする人間のワーカーという新しいカテゴリーが急速に成長している」と指摘している。[2] 第8章でも言及したが、この見えづらい世界での労働は「ゴーストワーク」と言われる。

コンピューターの性能があがり、アルゴリズムがしだいに多くの問題を引き受けるようになるとしても、それはすべてがコンピューターで解決できることを意味しない。解決できることと解決できないことの境界線が位置を変えるだけだ。AIが進歩するにつれて、それまで存在していなかった種類のタスクをこなすための臨時労働市場が生み出される。したがって労働の未来は、AIとボットだけが支配す

(1) スティグレールはあるインタビューで、特定の分野では労働力が引き続き必要とされるため雇用は残るだろうが、それは例外的なものになるだろう、と答えている (Stiegler 2015a, p. 71)。
(2) グレイ&スリ 2023：三〇頁。

るのではなく、人間とAPI[3]を組み合わせ、モノやサービスへのアクセスを確保し、スケジュールを立て、管理し、提供する企業が支配するようになるだろう。[4]

そのため、フルタイムの従業員が現場で働く大企業は先が見えている、とグレイらは断言する。なぜならますます多くのプロジェクトが、世界中でオンデマンドで業務を委託でき、現場以外で仕事をこなすワーカーに頼るようになっているからだ。組み立てラインでのフルタイムの仕事を維持するために一九三〇年代に確立された私たちの雇用分類は、このような未来のために作られてはいない。[5]そのため、ゴーストワークにおいて、労働者は圧倒的に不利な状況に追い込まれる。ゴーストワークはそもそも仕事から最低限必要なもの（業務と報酬の支払い）以外は削ぎ落とすようにできているのである。

今後増加が予想されるゴーストワーカーたちのために、グレイらはプラットフォーム協同組合に着目する。協同組合では、労働者が出資者となり、労働者兼オーナーたちの間で費用や労働を平等に分担することができる。プラットフォーム協同組合はソフトウェアとAPIを使ってモノやサービスの取引、販売、交換を円滑に行う。[6]それはゴーストワークの問題の中心に労働者を据えるとどうなるか、また、そうすると事業主や消費者にはどのような利益がもたらされるのかを示している。

以上のように、スティグレールの予想とは異なり、自動化によって雇用は消滅するのではなく、その形態はオンデマンドで委託されるゴーストワークへと移行するのかもしれない。そうすると、ほとんどの人々は地域の協働型経済に参与するのではなく、Amazonのメカニカルタークのようなオンデマンドワーク・プラットフォーム上で提供される仕事をこなしていくようになるのかもしれない。プラットフォーム協同組合をはじめとするグレイらの提案は、このような未来を想定してなされたものだ。

しかし雇用は消滅しないとしても、プラットフォーム協同組合とスティグレールらの協働型経済は対立するものではないだろう。たとえば近年、プラットフォーム協同組合とユニシパリズム、すなわち住民参加型直接民主主義にもとづく地域自治主義を組み合わせ、「デジタル民主主義」の実践を目指す取

(3) APIとはアプリケーション・プログラム・インターフェースの略称であり、プログラムが受け入れる命令のリストを確定し、個々の命令が実行されたときに何が起こるかを決めることで、ソフトウェアやハードウェアの間のやりとりを可能にする。

(4) グレイ&スリ 2023：三四四頁。

(5) グレイ&スリ 2023：三四三頁。

(6) グレイ&スリ 2023：三一四頁。しかし協同組合は、まったく規制がない市場でほかのプラットフォームと競い合うと、ほとんどの競争相手たちに負けてしまう。また、共通の仕事現場が存在しないために生じる同様の緊張関係も、プラットフォーム協同組合にとって障害となる可能性がある。従来の協同組合は、誰もが平等に組合に貢献することで成り立っている。それらの協同組合はまた、地域と密着しており、地場マーケットを頼りに製品を売ったり買ったりして、互いに支え合う仲間のネットワークを生み出し、それが協働組合のサプライチェーンとなる。だが協同組合が、国境をまたいでメンバーの間にチームとしてのまとまりをどう維持すればいいのか、とくに、世界各国のメンバー間で利益を平等に分かち合う具体的な仕組みをどう作ればいいのか、答えはまだ出ていない。また人が頻繁に入れ替わるなかで、どうやって平等に責任を負い、民主的な意志決定を集団で行えばいいのかという問題も解決できていない（グレイ&スリ 2023：三三二頁）。

り組みも現れつつある。[7] いまだ途上にあるためはっきりとしたことは言えないが、プラットフォーム上での連帯と地域への貢献は対立するものではなく共立するだろう。[8]

協働を評価できるか

協働型収入は、反－人新世的だと認められたプロジェクトに貢献する知とケイパビリティの育成を条件とするが、そもそも、固有の知を育むこと、ケイパビリティの育成をどのように評価するのか。この点に関してスティグレールは、価値や効用に関する新しい概念と、それを測定するためのGDPに代わる新しい指標を開発する必要があると述べている。また、どのようなプロジェクトが人新世的状況を改善させるのかについて決定する権限が与えられた機関も必要とされる。

しかし、GDPや大気中の二酸化炭素の濃度のように、制作知や生活知、理論知を数値化し測定することなどできるだろうか。たとえ集合的な熟議と意思決定で評価がなされるとしても、個々人のケイパビリティに何がどのように貢献したのか、正確に言い当てることは不可能だ。たとえばアフリカ系アメリカ人たちの労働歌が、のちに世界中の若者を熱狂させるロックという音楽ジャンルの誕生に貢献することを、誰が予想できただろうか?

この問題は、ブロックチェーンを使ったトークン・エコノミー[9]によってある程度解消するかもしれないが、この場合も依然として、レコードの売り上げ枚数とは異なる指標の開発が課題として残る。またブロックチェーンは、あらゆる人間の一挙手一投足の経済的価値を暴露するというディストピアを招きかねない。したがって、グレン・ワイルらがデータ労働市場における評価手法として提案するように、全体的な質の基準を満たすことを条件に平均価格を支払うようにすべきかもしれない。(10)

資本主義をどうするのか

協働型経済の実現にあたって最大の疑問は、「スティグレールは資本主義をどうしたいのか」である。協働型経済は市場経済をすべて協働型に移行させ、生産手段を共有することによって資本主義の超克を目指すものなのだろうか？(11)

(7) 中野 2023：一三五頁。ただし、社会や地域の「公益」の増進と、組合員の「共益」とは合致せず、ときに矛盾するだろう。
(8) たとえば近年では非中央集権化（decentralization）を合言葉に、ブロックチェーンを駆使してＷｅｂを分散的な原理で再編成する試みがなされている。しかしこの試みは、Ｗｅｂが現実世界の中央集権的な管理下に置かれてしまっては絵に描いた餅である。Ｗｅｂ上の再編成は、現実世界の再編成と共に行われなければならないのだ。スティグレールがＷｅｂやプラットフォームを等閑視しているわけではないが、本書が主に協働型経済という地域に根差した活動をとりあげてきた理由はここにある。
(9) トークン・エコノミーとは、あらゆる取引を記録するブロックチェーン技術を使って発行される代替通貨である。トークンには金銭以外にもさまざまな価値が付与されるが、今のところその経済圏は投機的な関心で占められている。
(10) ワイル＆ポズナー 2020：三四六頁。
(11) 「資本主義」と「ハッカー」は、そもそも方向性がまったく違うとヒマネンは言う。金銭を重視するプロテスタ

スティグレールは、資本主義のオルタナティブを探すことが第一の目的ではなく、人新世のオルタナティブを探すことを何よりも優先する、と述べている。[12] 他方で、資本主義が人類にとって破局的な結末をもたらすであろうことは認めている。したがって晩年のスティグレールは、あらためてマルクスとエンゲルスの資本主義批判と対峙した。そのとき着目するのは、彼らが『ドイツ・イデオロギー』で技術と人間との共進化に言及した点である。さらにマルクスは『資本論』において、ダーウィンが進化の理論をつくり上げたように、われわれは技術進化の理論をつくらなければならないと主張した。[13]

しかしその理論が展開されることはなかった。結局マルクスとエンゲルスの唯物論は、人間が技術によって根本的に代補されていることを見逃したのだ。そのため彼らの描く歴史も、技術が人間に取り込まれ社会化し、やがて技術の進歩が社会に大きな変化をもたらし、その変化によって再びその技術が社会に取り込まれるという共進化のプロセスをとらえきれていない。

その結果、人間と技術の共進化を前提に、資本主義を世界史的なスケールでとらえなおすことが課題として残った。二〇一九年の講義でスティグレールは、柄谷行人の『世界史の構造』とエンゲルスの『自然の弁証法』を再読しなければならない、と述べていた。[14] これらの読解は翌年行われる予定だ。二〇二〇年のテーマは「家族、私的所有そして国家の起源」となるだろう。

しかしこの講義は行われなかった。二〇二〇年八月六日にスティグレールが逝去したからだ。人新世のオルタナティブを構想する壮大な試みは、私たちに遺されたのである。

ンティズムの倫理に沿って、資本主義は資本を増やすことを最高の目標とする。ところがハッカーの労働倫理では、情熱に沿って自由なリズムで活動することが重視される。両方の目標を両立させることは理屈のうえでは可能だが、現実には、この緊張を解消するためにハッカーリズムを棄て、プロテスタンティズムの倫理の教えに忠実に従うことになりやすい（ヒマネン 2001：七六頁）。

しかし、それはただちに資本主義を否定し、脱成長を支持することにはつながらない。ユク・ホイが指摘するように、すべての国が同時に合意し実際に取り組むことを条件とするかぎり、脱成長という選択肢は非現実的である（ホイ 2023）。脱成長を掲げる前に、考えるべきことは多々ある。

（12）Stiegler 2018, p. 876.

（13）N, p. 330.

（14）N, p. 341. また、スティグレールはマルクス主義理論における唯物論の不徹底を批判したアルフレッド・ゾーン＝レーテルの貨幣理論を参照している。ゾーン＝レーテルの徹底した唯物論的視点は、西洋の超越論哲学の根底に貨幣という技術を見出した（N, 272）。しかしゾーン＝レーテルは、差延に由来する外在化、内在化、そして社会組織の複雑な動性を理解しなかった（N, 329）。したがって、人新世をネガントロポセンへと導くプロジェクト、ネガントロポロジーは、ゾーン＝レーテルに応答することを主要な問いとする（N, 337）。貨幣が分権化された社会を運営するための技術であり、中央集権化された社会の分権化を促すものなのであれば、ブロックチェーン技術だけでなく、ビットコインをはじめとしたいわゆる「仮想通貨」の分析は、現代の技術哲学にとって焦眉の課題である。

さいごに

これまで検討してきたように、スティグレールの技術論は決して「技術に頼らず自分の頭で考えよう」などといった安直な解決策を提示しない。というのも技術と人間のかかわりはつねに資本主義のようなシステムによって組織されているからである。スティグレールが『無信仰と不信』第四巻の副題を「来たるべき貴族たち（L'aristocratie à venir）」としたように（結局刊行されなかったが）、まずは生活の必要から解放された「貴族」でなければならないのだ。そこから示唆されるのは、意地の悪い言い方をすると「さまざまな技術の問題は個人の意志でどうにかできるものではない」ということである。しかし「私たちは技術とどう付き合っていけばいいのか」という問いに対して、スティグレールの書いたものから一定のプラクティスを導き出せるかもしれない。やってみよう。

アマチュア

スティグレールは、消費社会において生産と消費が分離された結果、私たちはひたすら広告や商品を享受するだけの消費者になってしまった、と考える。そして消費者から脱するためにアマチュア（愛好者）というあり方を提示した。

興味深いのは、かつてアマチュアとは消費するだけでなく作品制作にも積極的に従事する存在であっ

図14　ユベール・ロベール『ルーヴルのグランドギャラリーの眺め』

た点である。[15] ユベール・ロベールの『ルーヴルのグランドギャラリーの眺め』を見ればわかるように（図14）、かつてのルーヴルの来館者たちは、ただ絵を見るだけでなく展示されている絵画を模写していた。概して十九世紀の美術館は、傑作を模写する空間だったのだ。

作品を享受するだけでなく作り手のポジションをとりうることは、作品の解像度を格段に上げる。たとえばレコードが発明され普及する以前、音楽愛好家たちはまず楽譜を購入し、家で演奏してからコンサートに足を運んだ。そうすると、ただ音楽を聞くだけでなく、どこが難しい箇所で、どこに斬新な工夫がなされているか理解できるようになる。このことは絵画や音楽だけでなく彫刻や漫画、小説、そしてスポーツ

（15）　スティグレール 2007：五三頁。

やビデオゲームなどにも当てはまるだろう。

しかしレコードが発明され普及すると、演奏できなくても音楽を楽しめるようになった。もちろんそれはジャンルの敷居を下げ門戸を広げたという功績もあるが、同時に、生産せずただコンテンツを享受するだけの消費者を生んだ。(16) 消費者はアマチュアとは異なり、作品やジャンルを愛しているわけではない。彼らは飽きたら、面倒くさくなったら、流行が終わったら去っていく。何度も同じ作品を読み込み、新たな観方や独自の解釈を見出すようなことはしない。

他方、アマチュアは作品を消費するのではなく、思いやりをもってそれに接する。フランス語の attentionné は注意を払う、思いやる、ケアするという意味である。アマチュアと作品とのかかわり、それはアテンションなのである。自身の過去と未来の伸び広がりの中で、ときに「私」という予期せぬものをアマチュアは作品の中に見出すだろう。それはアマチュアが、消費するのではなく思いやりをもって作品と接するために生じるのである。

自己の書法

第6章で確認したように、スティグレールは「私」の特異性を育む余暇をオティウムと呼んでいた。オティウムとは「私」の可能性を試す実践の時間であり、その例として挙げられたのがローマ帝政期の賢人たちの実践である。フーコーは「自己の書法」という短い論考でこの実践について言及し、とくに「書くこと（écriture）」の重要性を強調している。「書くこと」とは「自己の訓練としての書くこと」であり、それは自己の陶冶（culture de soi）につながる。[17]

この実践で重要な役割を果たすのが、ギリシャ語で帳簿や備忘録といった記憶技術を意味する「ヒュポムネーマタ」である。[18] このヒュポムネーマタには引用や著作の断片、他人から聞いたり自分で思いついたりした事柄が書き留められるが、それは「主体化における重要な仲介者」だと言われる。[19] 聞いたり読んだりしたことを忘れないように書きこむと同時に、その作業によって自己の形成が促されるのである。

ここで着目したいのが、書くことによって「私」を「固定」することだ。スティグレールは、ハイデガーが技術のファルマコン的特性を看過したのは、固定（fixation）と確定（détermination）を混同したからだ、と指摘する。[20] たとえば「私」が文章を書く＝固定する。それは「私」のアイデンティティを一

（16）ただし、レコードをはじめとした録音技術は、大規模な産業化をもたらしアマチュアを駆逐しただけでなく、サンプリングのような表現技法を生み、新たなアマチュアの登場をも可能にした。それは毒にも薬にもなるファルマコンなのである。

またスティグレールは、ＩＲＣＡＭで、デジタル的特性を活かした新たな音楽の聴取体験や分析を可能にするソフトを開発した。デジタル化という新たな記録・保存方法は、消費の拡大だけでなく、たとえ楽譜を読めなくても分析的に音楽を聴く機会を生み出すこともできるのだ（スティグレール 2006：九三―九四頁）。

（17）Foucault 1994, p. 417. 邦訳二八〇頁。

（18）Foucault 1994, p. 418. 邦訳二八一頁。

（19）Foucault 1994, p. 419. 邦訳二八二頁。

（20）TT1, p. 228. 邦訳三二四頁。

時的に規定するが、しかし確定はしない。なぜなら文字は異なる文脈にも開かれているからだ。たとえばローマの帝政期の賢人たちのように、今日起こった出来事を書くとする。そのとき「私」は文章として固定され、それによって今日の出来事についての解釈が生まれる。さらにその文章を次の日に読んだり、他人が読んだりすることによって、また違う解釈が生まれる。

つまり、書くことひいては固定することは、「私」をある程度は規定すると同時に、変化に開かれたものにする。それは完全にアイデンティティを確定するのでもなく、かといって完全に流動的でもないような「私」のあり方を可能にする。凝り固まって窮屈な「私」でもなければ、終わりのない「私」探しでもない。「私」としての輪郭を描きつつ他者に開かれた生き方を、固定は可能にするのだ。

したがって、「私」を固定するための技術が必要である。それは備忘録のような活字メディアに限定しなくてもよい。たとえば楽器や絵筆やゲームのコントローラーもまた、「私」を固定することに役立てることができるだろう。

以上の自己の書法、ひいてはオティウムについての記述には、スティグレール自身の刑務所での経験が反映されている。「はじめに」で書いたように、スティグレールはトゥールーズの刑務所に五年間収監されていたのだが、そのあいだに独房で鍛錬（メレテー）に取り組んだ。スティグレールの鍛錬を織りなしていたのは読書であり、読んだ本から資料カードが生まれ、次いでそれは批評に代わり、最終的に自分の文章となった。その文章を読んだジェラール・グラネルが「これは君の哲学になる」と言ったように、独房での鍛錬によって、スティグレールの哲学者としての潜在能力が開花したのである。

この鍛錬は、刑務所という場所が日常生活の連関から強制的に切り離すという宙づり（エポケー）作用を有していることによって可能となった。人間は弱く、脆く、そして面倒くさがりである。「私」として思考し決断しなくてもいいように、環境をカスタマイズする習性がある。現代の情報環境はその怠け癖に応答できるよう構築されている。したがって「私」を育むのであれば、技術とその実践を日常的な環境から切り離し、宙づり状態に置かなければならない。そのありようを、スティグレールは水から飛び出たトビウオにたとえている[21]。

*

「私」を育むためには、まず、アマチュアとして、愛することのできる何かを見つけることだ。それは音楽でも、漫画でも、サッカーでも、ビデオゲームでも料理でもいい。それをただ消費するだけでなく、自分でもプレイしてみたり、何度も同じ作品を味わったりしながら、「私」の特異性を実験できる環境を整えること。そのなかで、尊敬できる師や、ともに楽しんだり、切磋琢磨したりできる仲間と出会うだろう。ときには師の言動に疑問を持ったり、仲間と意見が一致しなかったりするだろう。そのようにして、ちぐはぐな関係を築いていけるだろう。

もし、「私」の実験が何らかの理由で阻害されるか、ほかの「私」との協働が不可能になるとき、そ

（21） PA, p. 33. 邦訳五二頁。

れが何らかのシステム上の理由であるとき、社会や政治に目を向ければいい。私たちひとりひとりの人新世の技術論は、そこからはじまる。

私たちは技術に取り囲まれている。それは魚にとっての水のように、最も身近であるために普段は感じられない。私たちの世界はすみずみまで技術で構成されており、そこから離れて生きていけないのである。しかし私たちは、一時的にそこから身を離したうえで、世界について考えることができる。私たちは哲学するトビウオなのだ。

あとがき

スティグレールが亡くなった二〇二〇年八月六日、自分が何をしていたのか、まったく覚えていない。研究対象である哲学者の死は、ただちに私を突き動かすことはなかった。

しかしある日、スティグレールの哲学について書こう、と思いいたった。それは人新世、メタバース、生成ＡＩといったトピックが連日メディアを賑わせていたからかもしれない。あるいはスティグレールの著書の邦訳があまり進んでいなかったからかもしれない。いずれにせよ、さまざまな偶然が重なって本書は世に出ることになった。そしてその過程で、たくさんの人にお世話になった。

法政大学社会学部の同僚である岡野内正先生には、ベーシックインカムが議論される状況の複雑さについて教えていただいた。徳安彰先生には、人文社会科学におけるエントロピー概念について教えていただいた。鈴木智之先生と高橋愛先生には、フランス語の表記について教えていただいた。さまざまな分野を縦横無尽に駆けめぐるスティグレールの議論は、私ひとりの力では決して理解できなかっただろう。先生方に感謝申し上げる。

また、同じく法政大学社会学部の小林直毅先生にも感謝を捧げたい。版元の法政大学出版局を紹介していただいただけでなく、日ごろから何かと気にかけてくださった。本書が先生のご期待に応えられているかどうかはわからないが、深く感謝申し上げる。

フランス国立科学研究センター（ＣＮＲＳ）の研究員であり、プレーヌ・コミューンでの実践に参加されているマエール・モンテヴィル氏には、協働型クリニックの活動について教えていただいた。ＩＲＩのヴィンセント・プイグ氏、モード・デュルベッケル氏、リワド・サリム氏には、プレーヌ・コミューンの写真を提供していただいた。感謝申し上げる。

学生時代の恩師である鳶野克己先生、田中智志先生、山名淳先生には、自由に粘り強く思考することの厳しさと楽しさを教えていただいた。先生たちからの学恩に報いることができるかどうか、本書はそのスタートラインにすぎない。

本書の出版にあたっては、「二〇二三年度法政大学出版助成金」の支援を受けた。関係者各位に御礼申し上げる。また法政大学出版局の郷間雅俊氏は、初の単著でわからないことだらけの私を刊行まで導いてくださった。感謝申し上げる。

最後に、研究者として、そして家族として支え続けてくれた妻に感謝をささげたい。妻のサポートがなければ本書は世に出なかっただろう。また、いつも癒しと笑いを届けてくれた、小さな相棒たちにも感謝をささげたい。本当にありがとう。

二〇二三年十月　井の頭公園そばのアパートにて

李舜志

著 者

李舜志（リ スンジ）

1990 年生まれ。東京大学大学院教育学研究科博士課程修了。博士（教育学）。学術振興会特別研究員，コロンビア大学客員研究員などを経て，現在法政大学社会学部准教授。
主な論文に「ベルナール・スティグレールにおける注意概念について——過去把持の批判的読解に着目して」（『教育学研究』第 85 巻第 1 号），“Coexistence between attention and distraction: an attempt to bridge the gap between Bernard Stiegler and Walter Benjamin”, *Educational Philosophy and Theory*, vol. 54 など。

ベルナール・スティグレールの哲学

人新世の技術論

2024 年 2 月 20 日　初版第 1 刷発行

著者　李舜志

発行所　一般財団法人　法政大学出版局
〒102-0071 東京都千代田区富士見 2-17-1
電話 03(5214)5540　振替 00160-6-95814
組版：HUP　印刷：平文社　製本：根本製本

ISBN978-4-588-13038-0

人名索引

ナ 行

ハ 行

マ 行

ヤ 行

ラ 行

ワ 行

事項索引

た 行

な 行

は 行

ま 行

ら 行

参考文献

スティグレールの文献：略号

TT1: *La technique et le temps 1. La faute d'Épiméthée*, Paris: Galilée / Cité des Sciences et de l'Industire, 1994.（『技術と時間 1 ——エピメテウスの過失』石田英敬監修，西兼志訳，法政大学出版局，2009 年）

TT2: *La technique et le temps 2. La disorientation*, Paris: Galilée, 1996.（『技術と時間 2——方向喪失』石田英敬監修，西兼志訳，法政大学出版局，2010 年）

TT3: *La technique et le temps 3. La temps de cinema et la question du mal-être*, Paris: Galilée, 2001.（『技術と時間 3 ——映画の時間と〈難 - 存在〉の問題』石田英敬監修，西兼志訳，法政大学出版局，2013 年）

ASN: *Aimer, s'aimer, nous aimer. Du 11 septembre au 21 avril*, Paris: Galilée, 2003.（『愛するということ——「自分」を，そして「われわれ」を』ガブリエル・メランベルジェ，メランベルジェ眞紀訳，新評論，2007 年）

MS1: *De la misère symbolique 1. L'époque hyperindustrielle*, Paris: Galilée, 2004.（『象徴の貧困——ハイパーインダストリアル時代』ガブリエル・メランベルジェ，メランベルジェ眞紀訳，新評論，2006 年）

MS2: *De la misère symbolique 2. La catastrophè du sensible*, Paris: Galilée, 2005.

PA: *Philosopher par accident*, Paris: Galilée, 2004.（『偶有からの哲学——技術と記憶と意識の話』浅井幸夫訳，新評論，2009 年）

MD1: *Mécréance et discredit 1. La décadence des démocraties industrielles*, Paris: Galilée, 2004.

MD2: *Mécréance et discrédit 2. Les sociétés incontrôlables d'individus désaffectés*, Paris: Galilée, 2006.

MD3: *Mécréance et discrédit 3. L'esprit perdu du capitalism*, Paris: Galilée, 2006.

TD: *La télécratie contre la démocratie*, Paris: Flammarion, 2006.

PS1: *Prendre soin 1. De la jeunesse et des générations*, Paris: Flammarion, 2008.

RM: *Reenchanter le monde: la valeur esprit contre le populisme industriel*, Paris: Flammarion, 2008.

PNCE: *Pour une nouvelle critique de l'économie politique*, Paris: Galilée, 2009.
EC: *États de choc: bêtise et savoir au XXIe siècle*, S.l.: Mille et une nuits, 2012.
PFN: *Pharmacologie du Front national. Suivi du Vocabulaire d'Ars Industrialis*, Paris: Flammarion, 2013.
SA1: *La Société Automatique 1. L'avenir du travail*, Paris: Fayard, 2015.
DD: *Dans la disruption. Comment ne pas devenir fou?*, Les Liens Qui Libèrent, 2016.
QP1: *Qu'appelle-t-on panser? 1. L'immense regression*, Les Liens Qui Libèrent, 2018.
B: *Bifurquer: Il n'y a pas d'alternative*, Les Liens Qui Libèrent, 2020.
N: *Nanjing Lectures 2016–2019,* London: Open Humanities Press, 2020.

上記以外の著作

Stiegler, B.（1998）"Temps et individuations technique, psychique et collective dans l'œuvre de Simondon," in *Intellectica,* 26–27, 241–256.
——.（2015a）*L'emploi est mort, vive la travail !: Entretien avec Ariel Kyrou*, S.l.: Mille et une nuits.
——.（2015b）"PRÉFACE DE BERNARD STIEGLER," Wolf, Maryanne, *Proust et le Calamar*, traduit de l'américain par Lise Stupar, Éditions Abeille et Castor.
——.（2016）"Le revenu contributif et le revenu universel," in *Multitudes,* 63, 51–58.
——.（2017）"Bernard Stiegler: « Faire de la Seine-Saint-Denis un territoire contributif » ," *L'OBS*. 〈https://www.nouvelobs.com/rue89/rue89-nos-vies-connectees/20170111.RUE6138/bernard-stiegler-faire-de-la-seine-saint-denis-un-territoire-contributif.html〉（最終閲覧日：2023 年 10 月 10 日）
——.（2018）"Le nouveau conflit des faculés et des fonctions dans l'Anthropocène," in *La technique et le temps*, Paris: Fayard, 847–876.
——.（2020）"Plaine commune: l'économie contributive à l'épreuve du terrain," *Ensemble, faisons grandir la France*. 〈https://www.caissedesdepots.fr/blog/article/plaine-commune-leconomie-contributive-lepreuve-du-terrain〉（最終閲覧日：2023 年 10 月 10 日）
——.（2021）"Lexicon of the Internation: Introduction to the Concepts of Bernard Stiegler and the Internation Collective," in *Bifurcate 'THERE IS NO ALTERNATIVE,'* Translated by Daniel Ross, London: Open Humanities Press, 305–326.

スティグレール，ベルナール（2006）「インタヴュー　ベルナール・スティグレール 記憶産業／記憶のテクノロジー――「象徴的貧困」を超えて」『Intercommunication』55 巻，90–100 頁
スティグレール，ベルナール（2007）「「愛好者（アマトラ）」をめぐって――デジタル・デバイスによる「クリティカル・スペース」創出の試み」『Intercommunication』62 巻，48–62 頁
スティグレール，ベルナール（2014）「「国民戦線」の治療法――世界の右傾化をいかに超えるか　インタビュー　ベルナール・スティグレール×石田英敬」『世界』859 号，122–131 頁

洋語文献

Alombert, A.（2022）“From Computer Science to ‘Hermeneutic Web’: Towards a Contributory Design for Digital Technologies”, *Theory, Culture & Society*, 39（7–8）, 35–48.
Anderson, C.（2008）“The End of Theory: The Data Deluge Makes the Scientific Method Obsolete”, *Wired*, Jun 23.〈https://www.wired.com/2008/06/pb-theory/〉（最終閲覧日：2023 年 10 月 10 日）
Arendt, H.（1958）*The Human Condition*, Chicago: University of Chicago Press.（『人間の条件』志水速雄訳，筑摩書房，1994 年）
Barthes, R.（1980）*La chambre claire: note sur la photographie*, Paris: Gallimard.（『明るい部屋――写真についての覚書』花輪光訳，みすず書房，1997 年）
Beardsworth, R.（1995）“From a Genealogy of Matter to a Politics of Memory: Stiegler's Thinking of Technics”, *Tekhnema*, 2（Spring）, 85–115.
――.（2013）“Technology and Politics: A Response to Bernard Stiegler”. In: Howells, C. and Moore, G.（eds.）*Stiegler and Technics,* Edinburgh: Edinburgh University Press, 208–224.
Bonneuil, C. et Fressoz, J.-B.（2013）*L'événement Anthropocène: la terre, l'histoire et nous*, Éditions du Seuil.（『人新世とは何か――「地球と人類の時代」の思想史』野坂しおり訳，青土社，2018 年）
Brun, J.（1963）*La main et l'esprit*, Paris: Presses universitaires de France.（『手と精神』中村文郎訳，法政大学出版局，1990 年）
Car, N.（2010）*The shallows: what the Internet is doing to our brains*, New York: W.W. Norton.（『ネット・バカ――インターネットがわたしたちの脳にしていること』篠儀直子訳，青土社）

Chiang, T.（2023）“Will A.I. Become the New McKinsey?,” *The New Yorker*, May 4.〈https://www.newyorker.com/science/annals-of-artificial-intelligence/will-ai-become-the-new-mckinsey〉（最終閲覧日：2023 年 10 月 10 日）

Chun, M. M., Golomb, J. D., & Turk–Browne, N. B.（2011）“A taxonomy of external and internal attention”, *Annual Review of Psychology,* 62, 73–101.

Cornford, F., M（1957）*From religion to philosophy: a study in the origins of Western speculation*, New York: Harper.

Crary, J.（2013）*Late Capitalism and the Ends of Sleep*, Verso.（『24/7――眠らない社会』石谷治寛訳，NTT 出版，2015 年）

Deleuze, G.（1990）“Post-scriptum sur les sociétés de contrôle”, In: *Pourparlers: 1972–1990*, Paris: Les Éditions de Minuit, 240–247.（「追伸　管理社会について」『記号と事件　1972–1990 年の対話』宮林寛訳，河出文庫，2007 年，356–366 頁）

Derrida, J.（1967）*De la grammatologie*, Paris: Minuit.（『根源の彼方に』足立和浩訳，現代思潮社，1972 年）

――.（1972）*La dissémination*, Paris: Éditions du Seuil.（『散種』藤本一勇ほか訳，法政大学出版局，2013 年）

Detienne, M.（dir）（1988）*Les savoirs de l'écriture en Grèce ancienne*, PUL.

Dillet, B., et Jugnon, A.（dir.）（2013）*Technologiques. La pharmacie de Bernard Stiegler*, Nantes: Éditions nouvelles Cécile Defaut.

Foucault, M.（1994）*Dits et écrits IV, 1980–1988*, Paris: Gallimard.（『ミシェル・フーコー思考集成 IX　1982–83　自己／統治性／快楽』蓮實重彥・渡辺守章監修／小林康夫ほか編，筑摩書房，2001 年）

――.（2001）*L'herméneutique du sujet: cours au Collège de France (1981–1982)*, édition établie sous la direction de François Ewald et Alessandro Fontana, par Frédéric Gros, Paris: Gallimard / Le Seuil.（『主体の解釈学　コレージュ・ド・フランス講義　1981–1982 年度』廣瀬浩司・原和之訳，筑摩書房，2004 年）

Gitelman, L. and Jackson, V.（2013）“Introduction.” In L. Gitelman（ed.）, *“Raw Data” Is an Oxymoron*, MIT Press, 1–14.

Goldin, I.（2018）“Five reasons why universal basic income is a bad idea,” *Financial Times*, February 11.〈https://www.ft.com/content/100137b4-0cdf-11e8-bacb-2958fde95e5e〉（最終閲覧日：2023 年 10 月 10 日）

Goody, J.（1977）*The domestication of the savage mind*, Cambridge University Press.（『未開と文明』吉田禎吾訳，岩波書店，1986 年）

Habermas, J.（1965）*Strukturwandel der Öffentlichkeit: Untersuchungen zu einer Kategorie der bürgerlichen Gesellschaft*, Neuwied: Luchterhand.（『公共性の

構造転換——市民社会の一カテゴリーについての探究』細谷貞雄・山田正行訳，未來社，1973 年）

Havelock, E. A.（1963）*Preface to Plato*, Oxford: B. Blackwell.（『プラトン序説』村岡晋一訳，新書館，1997 年）

Hayles, K.（2007）Hyper and Deep Attention: The Generational Divide in Cognitive Modes, In: *Profession*, New York: Modern Language Association of America, 187–199.

Heidegger, M.（1976）Wegmerken, *Gesamtausgabe Bd 9*, Frankfurt am Main: Vittorio Klostermann.

——.（1988）Vom Wesen der Wahrheit: zu Platons Höhlengleichnis und Theätet, *Gesamtausgabe Bd 34*, Frankfurt am Main: Vittorio Klostermann.

——.（2001）［1927］*Sein und Zeit*, Tübingen: Max Niemeyer.

——.（2004）Der Begriff der Zeit, *Gesamtausgabe Bd 64*, Frankfurt am Main: Vittorio Klostermann.

Horkheimer, M., Adorno, W., T.（1969）*Dialektik der Aufklärung: philosophische Fragmente*, Frankfurt am Main: S. Fischer.（『啓蒙の弁証法——哲学的断想』徳永恂訳，岩波書店，2007 年）

Hui, Y.（2021）En mémoire de Bernard, *Amitiés de Bernard Stiegler*, Paris: Galilée, 69–80.

Husserl, E.（1954）*Die Krisis der europäischen Wissenschaften und die transzendentale Phänomenologie: eine Einleitung in die phänomenologische Philosophie*, Haag: M. Nijhoff.（『ヨーロッパ諸学の危機と超越論的現象学』細谷恒夫・木田元訳，中央公論新社，1995 年）

——.（1966）*Zur Phänomenologie des inneren Zeitbewusstseins (1893–1917)*, hrsg. von R. Boehm.（『内的時間意識の現象学』立松弘孝訳，みすず書房，1967 年）

——.（1984）*Logische Untersuchungen, Zweiter Band, Erster Teil: Untersuchungen zur Phänomenologie und Theorie der Erkenntnis*, hrsg. von U. Panzer.（『論理学研究 3』立松弘孝ほか訳，みすず書房，1967 年）

IRI（2019）*Rapport d'activités 2019*.

IRI（2022）*Rapport d'activités 2022*.

＊ IRI の報告書は以下から閲覧した。〈https://www.iri.centrepompidou.fr/recherches/rapports-dactivites/〉（最終閲覧日：2023 年 10 月 10 日）

James, W.（1892）*Psychology, briefer course*, London: Macmillan.（『心理学』今田寛訳，岩波書店，1992 年）

Klugman, P.（2013）"Sympathy for the Luddites," *The New York Times*, June

13. 〈https://www.nytimes.com/2013/06/14/opinion/krugman-sympathy-for-the-luddites.html〉（最終閲覧日：2023 年 10 月 10 日）

Leroi-Gourhan, A.（1964a）*Le geste et la parole 1. Technique et langage*, Paris: Albin Michel.（『身ぶりと言葉』荒木亨訳，筑摩書房，2012 年）

——.（1964b）*Le geste et la parole 2. La mémoire et les rythmes*, Paris : Albin Michel.（『身ぶりと言葉』荒木亨訳，筑摩書房，2012 年）

Lewin, D.（2016）The Pharmakon of Educational Technology: The Disruptive Power of Attention in Education, In: *Studies in Philosophy and Education*, 35, 251–265.

Montévil, M.（2023）"Plaine Commune, contributive learning territory," *HAL*. 〈https://ens.hal.science/hal-03908038〉（最終閲覧日：2023 年 10 月 10 日）

Ong, W. J.（1982）*Orality and literacy: the technologizing of the word*, London; New York: Routledge.（『声の文化と文字の文化』桜井直文ほか訳，藤原書店，1991 年）

Ross, D.（2013）"Pharmacology and Critique after Deconstruction", In: Howells, C. and Moore, G.（eds.）, *Stiegler and Technics*, Edinburgh: Edinburgh University Press, 243–258.

Rouvroy, A. and Berns, T.（2013）"Gouvernementalité Algorithmique et Perspectives d'Émancipation: Le disparate comme condition d'individuation par la relation?", in *Réseaux*, Vol. 177 issue 1, 163–196.

Simon, A. H.（1971）"Designing Organizations for an Information-Rich World", M. Greenberger（Ed.）, *Computers, communications, and the public interest*, Baltimore, MD: The Johns Hopkins, 38–72.

Simondon, G.（1958）*Du mode d'existence des objets techniques*, Aubier.

——.（1964）*L'individu et sa genèse physico-biologique: l'individuation à la lumière des notions de forme et d'information*, Presses universitaires de France.

Speer, N. K, Reynolds, J. R., Swallow, M. K. and Zacks, J. M.（2009）"Reading Stories Activates Neural Representations of Visual and Motor Experiences", *Psychol Sci*, 20（8）, 989–999.

United Nations（2020）"Secretary-General Highlights 'Trust Deficit' amid Rising Global Turbulence, in Remarks to Security Council Debate on 'Upholding United Nations Charter", Meetings Coverage and Press Releases. 〈https://press.un.org/en/2020/sgsm19934.doc.htm〉（最終閲覧日：2023 年 10 月 10 日）

United Nations（2021）"Trust in public institutions: Trends and implications for economic security", Department of Economic and Social Affairs Social Inclusion.

〈https://www.un.org/development/desa/dspd/2021/07/trust-public-institutions/〉（最終閲覧日：2023年10月10日）

邦語文献

アーサー，ブライアン（2011）『テクノロジーとイノベーション——進化／生成の理論』有賀裕二監修・日暮雅通訳，みすず書房
東浩紀（2007）「情報自由論」『情報環境論集　東浩紀コレクションS』講談社，9–203頁
——（2022）「訂正可能性の哲学2，あるいは新しい一般意志について（部分）」『ゲンロン13』ゲンロン，39–103頁
アセモグル，ダロン＆ジョンソン，サイモン（2023）『技術革新と不平等の1000年史　上』鬼澤忍・塩原通緒訳，早川書房
池田喬（2021）『ハイデガー『存在と時間』を解き明かす』NHKブックス
石田英敬（2016）『大人のためのメディア論講義』筑摩書房
——（2020）『記号論講義——日常生活批判のためのレッスン』筑摩書房
石田英敬・東浩紀（2019）『新記号論——脳とメディアが出会うとき』ゲンロン
稲葉振一郎（2008）『「公共性」論』NTT出版
——（2019）『AI時代の労働の哲学』講談社
——（2022）『AI時代の資本主義の哲学』講談社
ウェーバー，マックス（2010）『プロテスタンティズムの倫理と資本主義の精神』中山元訳，日経BP
宇佐美達朗（2021）『シモンドン哲学研究——関係の実在論の射程』法政大学出版局
ウルフ，メアリアン（2008）『プルーストとイカ——読書は脳をどのように変えるのか？』小松淳子訳，インターシフト
——（2020）『デジタルで読む脳×紙の本で読む脳——「深い読み」ができるバイリテラシー脳を育てる』太田直子訳，インターシフト
オニール，キャシー（2018）『あなたを支配し，社会を破壊する，AI・ビッグデータの罠』久保尚子訳，インターシフト
金森修（2005）『遺伝子改造』勁草書房
河原純一郎（2013）「注意」『最新心理学事典』平凡社，521–522頁
河原純一郎・横澤一彦（2015）『注意——選択と統合＝Attention』勁草書房
クーケルバーグ，マーク（2020）『AIの倫理学』直江清隆訳者代表，丸善出版

クラーク，アンディ（2022）『現れる存在――脳と身体と世界の再統合』池上高志・森本元太郎監訳，早川書房
クライン，ナオミ（2018）『NO では足りない――トランプ・ショックに対処する方法』幾島幸子・荒井雅子訳，岩波書店
グリーンウッド，デイヴィッド＆レヴィン，モルテン（2023）『アクションリサーチ入門――社会変化のための社会調査』小川晃弘訳，新曜社
グレイ，メアリー＆スリ，シッダールタ（2023）『ゴーストワーク――グローバルな新下層階級をシリコンバレーが生み出すのをどう食い止めるか』柴田裕之訳，晶文社
桑田学（2015）「ジョージェスク－レーゲン〈生物経済学〉の鉱脈――アグラリアニズムからエピステモロジーへ」『千葉大学経済研究』第 29 巻 4 号，95–134 頁
――（2023）『人新世の経済思想史――生・自然・環境をめぐるポリティカル・エコノミー』青土社
木庭顕（1997）『政治の成立』東京大学出版会
ゴルツ，アンドレ（1997）『労働のメタモルフォーズ――働くことの意味を求めて　経済的理性批判』真下俊樹訳，緑風出版
下西風澄（2022）『生成と消滅の精神史――終わらない心を生きる』文藝春秋
シュレーディンガー，エルヴィン（2008）『生命とは何か――物理的にみた生細胞』岡小天・鎮目恭夫訳，岩波書店
ジョージェスク＝レーゲン，ニコラス（1993）『エントロピー法則と経済過程』高橋正立ほか訳，みすず書房
白田秀彰（2001）『グリゴリの捕縛』青空文庫（https://www.aozora.gr.jp/cards/000021/card4307.html）
ズボフ，ショシャナ（2021）『監視資本主義――人類の未来を賭けた闘い』野中香方子訳，東京経済新報社
大黒岳彦（2006）『「メディア」の哲学――ルーマン社会システム論の射程と限界』NTT 出版
――（2010）『「情報社会」とは何か？――〈メディア〉論への前哨』NTT 出版
――（2016）『情報社会の〈哲学〉――グーグル・ビッグデータ・人工知能』勁草書房
高岡詠子（2014）『チューリングの計算理論入門――チューリング・マシンからコンピューターへ』講談社
武田宙也（2014）『フーコーの美学――生と芸術のあいだで』人文書院
橘木俊詔（2015）『21 世紀の資本主義を読み解く』宝島社
谷島貫太（2013）「ベルナール・スティグレールにおける「正定立」の概念をめ

ぐって――フッサールを技術論的に捉え返す試み」『東京大学大学院情報学環紀要』84 号，65–82 頁
――（2016）「ベルナール・スティグレールの「心権力」の概念――産業的資源としての「意識」をめぐる諸問題について」，松本健太郎編『理論で読むメディア文化』新曜社，45–61 頁
――（2017）「〈全面的な忘却〉をめぐる哲学的覚え書き」，谷島貫太・松本健太郎編『記録と記憶のメディア論』ナカニシヤ出版，3–17 頁
＊以下のサイトも非常に参考になった。「生きてみた感想」〈https://voleurknkn.hatenadiary.org/〉
チューリング，アラン（2014）「計算可能な数について，その決定問題への応用」佐野勝彦・杉本舞訳，伊藤和行編『チューリング（コンピュータ理論の起源第 1 巻）』近代科学社，16–57 頁
中田星矢・竹澤正哲（2023）「教育と累積的文化進化　計算論モデルによるマイクロ－マクロ・ダイナミクスの検討」，安藤寿康編『教育の起源を探る――進化と文化の視点から』ちとせプレス，119–146 頁
中田光雄（2014）『差異と協成―― B・スティグレールと新ヨーロッパ構想』水声社
中野理（2023）「プラットフォーム協同組合　市民主体のデジタル・プラットフォーム経済に向けて」，水島一憲ほか編著『プラットフォーム資本主義を解読する――スマートフォンからみえてくる現代社会』ナカニシヤ出版，125–138 頁
中村大介（2003）「フランス技術哲学の現在――ベルナール・スティグレールの技術哲学の射程」『人文論究』53 号，119–132 頁
中山元（2023）『労働の思想史――哲学者は働くことをどう考えてきたのか』平凡社
長嶋由紀子（2023）「芸術家を対象とするフランスの社会保険制度」『芸術家の社会保障に関する研究』日本芸能実演家団体協議会，33–44 頁
西兼志（2023）「ベルナール・スティグレール――〈アテンション〉からのメディア哲学」，伊藤守編著『メディア論の冒険者たち』東京大学出版会，202–215 頁
ヒース，ジョセフ（2013）『ルールに従う――社会科学の規範理論序説』瀧澤弘和訳，NTT 出版
ヒマネン，ペッカ（2001）『リナックスの革命――ハッカー倫理とネット社会の精神』安原和見・山形浩生訳，河出書房新社
平山令明（2023）『教養としてのエントロピーの法則――私たちの生き方，社会そして宇宙を支配する「別格」の法則』講談社

ピケティ，トマ（2023）『資本とイデオロギー』山形浩生・森本正史訳，みすず書房
フレイ，カール（2020）『テクノロジーの世界経済史――ビル・ゲイツのパラドックス』村井章子・大野一訳，日経 BP
ベナナフ，アーロン（2022）『オートメーションと労働の未来』岩橋誠ほか訳，堀之内出版
ホイ，ユク（2023）「2050 年，テクノロジーの多元論」『WIRED』Vol. 50, 60–66 頁
ボテロ，ジャン（1998）『メソポタミア――文字・理性・神々』松島英子訳，法政大学出版局
ボルタンスキー，リュック＆シャペロ，エヴ（2013）『資本主義の新たな精神 上下』三浦直希ほか訳，ナカニシヤ出版
前田春香（2020）「人工知能は道徳的に悪質な差別ができるか？―― COMPAS 問題を事例に」人工知能学会全国大会論文集
水越伸（1999）『デジタル・メディア社会』岩波書店
村田純一（2009）『技術の哲学』岩波書店
森田真生（2015）『数学する身体』新潮社
――（2021）『計算する生命』新潮社
ユーバンクス，ヴァージニア（2021）『格差の自動化――デジタル化がどのように貧困者をプロファイルし，取締り，処罰するか』ウォルシュあゆみ訳，人文書院
李舜志（2015）「ベルナール・スティグレールの教育思想――技術と教育の関係に着目して」『教育哲学研究』112 号，186–204 頁
――（2018）「ベルナール・スティグレールにおける注意概念について――過去把持概念の批判的読解に着目して」『教育学研究』第 85 号，1–12 頁
ローザ，ハルムート（2022）『加速する社会――近代における時間構造の変容』出口剛司監訳，福村出版
ワイル，グレン／ポズナー，エリック『ラディカル・マーケット――脱・私有財産の世紀』遠藤真美訳，東洋経済新報社